*Dorothee Fleischmann | Carolina Kalvelage*

# 111 Orte in Budapest, die man gesehen haben muss

emons:

Wir danken unseren Budapester Freunden Teréz,
Kálmán und Dániel.

**Bibliografische Information der Deutschen Nationalbibliothek**
Die Deutsche Nationalbibliothek verzeichnet diese Publikation
in der Deutschen Nationalbibliografie; detaillierte bibliografische
Daten sind im Internet über http://dnb.d-nb.de abrufbar.

© Emons Verlag GmbH
Alle Rechte vorbehalten
© der Fotografien: Dorothee Fleischmann und Carolina Kalvelage, außer:
Ort 30: Dániel Szabó; Ort 39: György Palkó
© Covermotiv: shutterstock.com/Insanet
Covergestaltung: Karolin Meinert
Lektorat: Jens Dreisbach
Layout: Eva Kraskes, nach einem Konzept
von Lübbeke | Naumann | Thoben
Kartografie: altancicek.design, www.altancicek.de
Kartenbasisinformationen aus Openstreetmap,
© OpenStreetMap-Mitwirkende, ODbL
Druck und Bindung: Grafisches Centrum Cuno, Calbe
Printed in Germany 2024
Erstausgabe 2015
ISBN 978-3-7408-2325-2
Aktualisierte Neuauflage November 2024

Unser Newsletter informiert Sie
regelmäßig über Neues von emons:
Kostenlos bestellen unter
www.emons-verlag.de

Die automatisierte Analyse des Werkes, um daraus Informationen
insbesondere über Muster, Trends und Korrelationen gemäß
§ 44b UrhG (»Text und Data Mining«) zu gewinnen, ist untersagt.

# Vorwort

Nahezu jeder, der die schöne Stadt an der mächtigen Donau das erste Mal besucht, empfindet es wohl so: Sie hat etwas Geheimnisvolles und lädt geradezu zur Suche nach besonderen Orten ein. Budapest liegt in der Mitte Europas, erscheint aber doch sehr »anders«, nicht zuletzt wegen der für uns ungewöhnlichen Sprache. Oft wirkt es etwas altmodisch hier: mächtige Jugendstil-Paläste aus der Zeit der Jahrhundertwende – mit einer einzigartigen Vielfalt an kunstvollen Fassaden, den für die hiesige Architektur typischen Innenhöfen, Dachverzierungen, Empfangsportalen –, viele kleine und große Plätze mit unterschiedlichsten Funktionen und Charakteren. Dazu eine abwechslungsreiche Palette von traditionellen Kaffeehäusern und Gaststätten. Und dann wieder stößt man auf modernste Architektur, kleine neue und spezielle Geschäfte, die vergleichbaren Designshops in anderen Metropolen in nichts nachstehen. Besonders im alten jüdischen Viertel brummt das junge Leben, öffnet ein Restaurant und Club nach dem anderen, gibt es im Sommer Straßenmusik, zu der spontan getanzt wird.

Das Besondere der Stadt beginnt bei ihrer Topografie, die geprägt wird vom breiten Strom der Donau. Am flachen Pester Ufer reihen sich prächtige Bauten aus Zeiten der österreichisch-ungarischen Monarchie aneinander, wie etwa das berühmte Ballhaus Vigadó oder die große Markthalle mit ihrer markanten Stahlkonstruktion. Buda dagegen ist hügelig. Auf dem Burgberg gibt es mittelalterliche Gassen, versteckt liegende Treppen, von denen aus sich immer wieder tolle Blicke bieten, führen wieder hinunter. Und dann die beeindruckenden Brücken und Inseln, auf denen man die Stadt aus anderer Perspektive betrachten und sich erholen kann.

Budapest bietet auf Schritt und Tritt interessante Ansichten und Eindrücke. Machen Sie sich auf den Weg und entdecken Sie ganz neue Orte in einer der schönsten Städte Europas!

# 111 Orte

1. Der 0-Kilometer-Stein
   *Eine Null mit viel Bedeutung* | 10
2. Das 56er-Denkmal
   *Erinnerung an den Volksaufstand* | 12
3. Das Arquitecto Pitpit
   *Tapas im Architektendomizil* | 14
4. Die Bäckereien
   *Mancher Mensch lebt nur vom Brot allein* | 16
5. Die Bajcsy-Zsilinszky út
   *Wie ein Spielzeug* | 18
6. Die Bauhaus-Relikte
   *Architektonisch aufregende Entdeckungen* | 20
7. Das Béla-Bartók-Museum
   *Stille Zuflucht am Rande der Großstadt* | 22
8. Der Boulevard
   *Geschichten und Besonderheiten* | 24
9. Das Brody House
   *Ein besonders schönes Hotel* | 26
10. Die Bronze-Jungen
    *Ein Klassiker der Jugendliteratur* | 28
11. Die Buchhandlung
    *Lesen! Nicht nur als Zeitvertreib* | 30
12. Die Buchwaldstühle
    *Unterwegs auf Budapests alter Flaniermeile* | 32
13. Der Budapester Supermarkt
    *Ungarischer Snack aus dem Kühlregal* | 34
14. Die Burgerläden
    *Oder doch lieber Bagel?* | 36
15. Die Buslinie 16
    *Alternative Stadtrundfahrt auf den Burgberg* | 38
16. Das Café Dunapark
    *Kaffeeklatsch mit Blick auf die Donau* | 40
17. Das Capa-Center
    *Ein leuchtendes Geheimnis* | 42
18. Die Dachbar 360 Grad
    *Dem Himmel so nah* | 44

19___ Das Denkmal der nationalen Zusammengehörigkeit
      *Stein des Anstoßes* | 46
20___ Das Déryné
      *Promis erwünscht* | 48
21___ Die Devotionalien-Gasse
      *Eine besondere Passage* | 50
22___ Der Eiffel-Palast
      *Wie schön Eisen aussehen kann* | 52
23___ Der Eisladen
      *Kühle Erfrischung an warmen Tagen* | 54
24___ Die Falk Miksa utca
      *Jede Menge Antikes in nur einer Straße* | 56
25___ Die Felsenhöhle
      *Bewegte Vergangenheit* | 58
26___ Das Flipper-Paradies
      *Die Welt der rasenden Kugeln* | 60
27___ Die Frühstücksstraße
      *Auch am Abend ein Genuss* | 62
28___ Der Garten der Philosophen
      *Friedvolle Ruhe mit Ausblick* | 64
29___ Der Gázlámpa Kiosk
      *Budapests kleinstes Café* | 66
30___ Die Gedenktafel
      *… ein Lied geht um die Welt* | 68
31___ Das Geologische Institut
      *Das blaueste Dach der Stadt* | 70
32___ Das Gerlóczy
      *C'est la vie* | 72
33___ Das Geschäft der 1.001 Bürsten
      *Manche Borsten bürsten besser* | 74
34___ Das Glashaus
      *Erinnerung an einen »Gerechten unter den Völkern«* | 76
35___ Das Grab der Revolutionäre
      *Nationales Gedächtnis im Wandel der Zeit* | 78
36___ Das Gül-Baba-Mausoleum
      *Der Vater der Rosen* | 80
37___ Hajógyári Sziget
      *Von der Werftinsel zur Friedensinsel* | 82
38___ Das Hajós-Alfréd-Bad
      *Schwimmen auf den Bahnen ungarischer Champions* | 84

39 — Das Haus der Musik
*Eindrucksvolle Prestigebauten fürs Image* | 86

40 — Das Hilda
*Food and mood* | 88

41 — Der Hunyadi tér
*Ein Platz für seine Anwohner* | 90

42 — Das Imre-Varga-Museum
*Besuch bei einem berühmten Bildhauer* | 92

43 — Das Innenhof-Juwel
*Buntes Leben im Verborgenen* | 94

44 — Der József Nádor tér
*Ungarisches Porzellan bittet um Aufmerksamkeit* | 96

45 — Der Károlyi kert
*Eine Oase der Ruhe* | 98

46 — Die Kindereisenbahn
*Ein besonders großes Spielzeug* | 100

47 — Das Kiscelli Múzeum
*Ein lohnender Aufstieg* | 102

48 — Der Kodály köröند
*Ein prächtiger Platz mit Kastanien und Platanen* | 104

49 — Kőleves
*Gartenlokal im Shabby-Chic-Stil* | 106

50 — Der königliche Wartesaal
*Eine geheimnisvolle Tür im Westbahnhof* | 108

51 — Die Kugeln am Ministerium
*Erinnerung an den »blutigen Donnerstag«* | 110

52 — Der Kunstgewerbeladen
*Hier wird man farbenfroh umgarnt* | 112

53 — Das Lángoshäuschen
*Eine ideale Zwischenmahlzeit am Stadtwald* | 114

54 — Das Lindenbaum-Haus
*Symbolträchtige Fassade* | 116

55 — Das Literaturmuseum
*Sprudelnde Idee* | 118

56 — Das Lukács-Bad
*Rührende Votivtafeln im Innenhof* | 120

57 — Das Madal
*Peace and Happiness* | 122

58 — Das Mai-Manó-Haus
*Das beste Atelier in der Stadt* | 124

59 — Der Mátyás tér
*Bunte Vielfalt* | 126

60 — Das Mazel Tov
*Viel Erfolg!* | 128

61 — McDonald's im Spiegelsaal
*Fast Food mit Ambiente* | 130

62 — Memories of Hungary
*Zu Ehren eines ungarischen Idols* | 132

63 — Der Millenáris-Park
*Erholung zwischen Fabrikgebäuden* | 134

64 — Die Mini-Skulpturen
*Kleine Formate mit großer Wirkung* | 136

65 — Der MOL Campus
*Tower der Superlative* | 138

66 — Molnár's Kürtöskalács
*Eine süße Verführung* | 140

67 — Mono Art & Design
*Spaziergang durch das kreative Budapest* | 142

68 — Das Monument für Imre Nagy
*Ehrung für einen Freiheitskämpfer* | 144

69 — Das Művész Kávéház
*Dobos-Torte und andere süße Sachen* | 146

70 — Die Neobarock-Bibliothek
*Unglaublich beruhigende Stimmung* | 148

71 — Der ÖPNV auf der Donau
*Prächtige Architektur aus anderer Perspektive* | 150

72 — Der Palast der Künste
*Orgelexperimente und Kultur* | 152

73 — Der Pántlika Pavillon
*Retro-Location* | 154

74 — Die Párizsi Udvar
*Glanz vergangener Zeiten in prachtvoller Passage* | 156

75 — Das Postmuseum
*Die gute alte Zeit* | 158

76 — Die Pozsonyi út
*Die Lebensader der neuen Leopoldstadt* | 160

77 — Das Prinz-Eugen-Denkmal
*Warum der Prinz einen so schönen Blick genießen darf* | 162

78 — Das »Q«
*Offen für jedermann* | 164

79 Das Rigó Jancsi
*Ein Hort des ungarischen Salzgebäcks* | 166

80 Die romantische Treppe
*Stufenweise auf den Burgberg* | 168

81 Die Sándor-Márai-Büste
*Bescheidenes Andenken an einen großen Literaten* | 170

82 Das Schmidl-Mausoleum
*Zeugnis nationalen Selbstbewusstseins* | 172

83 Der Schmuckladen
*Außergewöhnliches Design* | 174

84 Das Schokoladengeschäft
*Süßes für Puristen* | 176

85 Die Schuhe an der Donau
*Stille Verzweiflung* | 178

86 Der Schuhladen
*Echte Budapester nach Maß von Herrn Vass* | 180

87 Die Schule von Béla Lajta
*Wo weise Eulen den Eingang bewachen* | 182

88 Das Semmelweis-Museum
*Retter der Mütter* | 184

89 Der singende Brunnen
*Wassermusik auf der Margareteninsel* | 186

90 Der Strudelstand
*Süß und sauer, herzhaft und köstlich* | 188

91 Der Szabadság tér
*Ein wunderschöner Platz mit viel Symbolik* | 190

92 Der Szent-István-Park
*Spaziergang mit Aussicht* | 192

93 Der Szimpla's Market
*Sonntagseinkauf in der Ruinenbar* | 194

94 Das Terminal
*Rund um den Erzsébet tér* | 196

95 Das Textilmuseum
*Familien- und Industriegeschichte* | 198

96 Der Tisza-Laden
*Eine alte ungarische Marke, zu neuem Leben erweckt* | 200

97 Das Uránia-Kino
*Tausendundeine Nacht* | 202

98 Das Vasarely-Museum
*Op-Art in Óbuda* | 204

| | | |
|---|---|---|
| 99 | Das Vigadó | |
| | *Das einst größte Ballhaus der Stadt* \| 206 | |
| 100 | Die Villa Bagatelle | |
| | *Frühstücken rund um die Uhr* \| 208 | |
| 101 | Die Villenkolonie | |
| | *Bauhaus pur* \| 210 | |
| 102 | Die Vintage-Galéria | |
| | *Eine kleine, feine Fotogalerie* \| 212 | |
| 103 | Der Wal an der Donau | |
| | *Behäbig und entspannt* \| 214 | |
| 104 | Das Walko-Haus | |
| | *Eine Fassade mit Pflanzen und Tieren* \| 216 | |
| 105 | Die Wallenberg-Statue | |
| | *Der Menschenretter* \| 218 | |
| 106 | Das Wandbild | |
| | *Graffiti können eine Stadt verschönern!* \| 220 | |
| 107 | Die Weinbar | |
| | *Naturweine genießen und mitnehmen* \| 222 | |
| 108 | Die weiße Halle | |
| | *Strahlender geht es kaum* \| 224 | |
| 109 | Die Wekerle-Siedlung | |
| | *Eine Gartenstadt mit dörflichem Charakter* \| 226 | |
| 110 | Das Wohnhaus | |
| | *… eines berühmten Glasmalers* \| 228 | |
| 111 | Das Zwack-Museum | |
| | *Eine Familiengeschichte* \| 230 | |

# 1 Der 0-Kilometer-Stein
*Eine Null mit viel Bedeutung*

Gewöhnlich lässt man sich hier für eine kurze Pause auf einer Bank nieder, bevor es mit der altmodischen Standseilbahn auf den Burgberg hinaufgeht. Dann kann es sein, dass der Blick auf die Skulptur in der Mitte des Platzes fällt. Eine etwa drei Meter hohe »0« aus Kalkstein ist da zu sehen, im Sockel sind die Buchstaben »km« für Kilometer herausgearbeitet. Das schlichte Monument markiert den Punkt, von dem aus die Länge aller ungarischen Hauptverkehrsstraßen gemessen wird. Lediglich die Straße 8 hat ihren Nullpunkt in Székesfehérvár, einer Stadt gut 60 Kilometer nordöstlich von Budapest. Markierungen dieser Art gibt es schon seit langer Zeit. Als erste überhaupt gilt der »Goldene Meilenstein« im Römischen Reich. Von dort aus verliefen die wichtigsten Straßen des Imperiums, weshalb es hieß: »Alle Wege führen nach Rom.«

Früher befand sich ein 0-km-Denkmal in der Budaer Burg. Es wurde nach Fertigstellung der Kettenbrücke an den Clark Ádám tér (Platz) versetzt. Eine Weile symbolisierte eine Madonnenfigur die Stelle. Sie wurde jedoch im Zweiten Weltkrieg zerstört und 1953, der Formensprache des sozialistischen Realismus entsprechend, durch die Skulptur eines Arbeiters ersetzt.

Der Stein in seiner heutigen Form existiert seit 1975 und wurde von Miklós Borsos entworfen. Ins Auge sticht die Mittellinie des Steins, charakteristisch auch für andere Werke von Borsos. Der aus Sibiu (Deutsch Hermannstadt) in Rumänien stammende Bildhauer und Grafiker lebte seit 1945 in Budapest. In den Wintermonaten arbeitete er auf dem Burgberg, die Sommer verbrachte er in Tihany am Balaton. Bei seiner Arbeit für den 0-km-Stein war ihm wichtig, dass der Betrachter sofort erfassen kann, worum es geht. Eine Venus von Milo könne seiner Ansicht nach schnell für Verkehrschaos auf dem Platz sorgen. Außerdem schien ihm die Null in dieser Form einem schönen Ausrufezeichen ähnlich.

**Adresse** Clark Ádám tér, 1013 Budapest | **ÖPNV** Bus 216 bis zum Clark Ádám tér | **Tipp** Auf einem Spaziergang die Fő utca entlang kann man interessante Gebäude entdecken. Nicht weit vom Batthány tér befindet sich ein stiller kleiner Platz mit einem Denkmal für Tarasz Sevcsenko. Der bedeutende ukrainische Dichter wird heute oft mit einer blau-gelben Schleife um den Hals geschmückt.

# 2 Das 56er-Denkmal
## *Erinnerung an den Volksaufstand*

Groß, mächtig und glänzend steht es am Ende des Városligeti fasor am Anfang des Stadtwäldchens: das 56er-Denkmal oder, auf Ungarisch, 56-os emlékmű. Es hat die Form eines Keiles und besteht aus 2.006 Metallsäulen. Die rostigen Eisenträger werden immer höher, glänzender und stärker. Sie symbolisieren die Kraft des ungarischen Volkes, das sich im Jahr 1956 gegen die kommunistische Herrschaft auflehnte. »Vaskefe« wird das Denkmal von den Budapestern genannt – »Eisenbürste«. Es steht am ehemaligen Aufmarschplatz, genau dort, wo sich früher eine gigantische Stalin-Statue befand, die 1956 von der aufgebrachten Masse gestürzt wurde. Diese robuste Eisenbürste wird nicht so leicht zu zerstören sein!

Das Jahr 1956 zählt zu den wichtigsten Ereignissen in der Geschichte Ungarns. Das Volk wehrte sich unter der Führung der Koalitionsregierung und des zu den Aufständischen gewechselten Kommunisten Imre Nagy gegen das stalinistische Regime und gegen die sowjetische Besatzung im Land. Die Revolution begann mit einer friedlichen Demonstration von Studenten, die demokratische Veränderungen forderten. Sie gipfelte im Aufstand, der von sowjetischen Truppen brutal niedergeschlagen wurde. Hunderte der Revolutionäre starben bei den Massakern, wurden verurteilt und hingerichtet. Tausende Menschen erhielten Gefängnisstrafen, und an die 200.000 Ungarn flohen aus ihrem Heimatland.

Das 56er-Denkmal wurde anlässlich des 50. Jahrestages am 23. Oktober 2006 aufgestellt und ist das erste, das diesem Ereignis gewidmet ist. Entworfen und umgesetzt wurde es von den drei jungen ungarischen Architekten und Künstlern Tamás Emödi-Kiss, Tamás Papp und Katalin György. Sie überschritten zwar das veranschlagte Budget um ein Vielfaches (250 Millionen Forint waren veranschlagt, 1,8 Milliarden Forint soll es am Ende gekostet haben), aber es ist sehenswert.

**Adresse** 56-os emlékmű, Városliget (Stadtpark), XIV. Bezirk, 1146 Budapest | **ÖPNV** Bus 70, 75 und 79 bis Dvořák sétány oder Bus 30, 30 A, 230 bis Damjanich utca/Dózsa György út oder bis Benczúr utca | **Anfahrt** M1 bis Bajza utca, dann Richtung Stadtpark über die Benczúr út und Andrássy út | **Tipp** In eine andere Zeit versetzt der im Stadtwäldchen beheimatete Zirkus, den es bereits seit über 100 Jahren gibt und der hier seinen eigenen festen Wohnsitz hat: Fővárosi Nagycirkusz (fnc.hu).

# 3 Das Arquitecto Pitpit
## *Tapas im Architektendomizil*

Ein wenig verwunschen sieht der Innenhof des Arquitecto Pitpit aus. Kletterpflanzen ranken die Wände und das Treppengeländer empor. Sie fallen vom eigenwilligen Dach des Lokals, das an alte Metrostationen erinnert, wie stürzendes Wasser herunter. Das Gebäude stammt aus dem späten 19. Jahrhundert, Eigentümer war Graf Kálmán Almásy. Zu dieser Zeit entstanden viele Adelspaläste in der umliegenden Gegend, in der heute vor allem Studenten und Professoren unterwegs sind, denn in unmittelbarer Nähe liegt die Universität. Es erscheint wie eine kleine ruhespendende Oase inmitten der pulsierenden Metropole, ist geschützt und umgeben von hohen Mauern, die mit Reliefs von Ödön Lechner und Károly Kós verziert sind. Im schattigen Innenhof lässt es sich wunderbar sitzen, im Keller dagegen ist es immer etwas kühler – sowohl die Temperatur als auch das Design. Hier findet sich der Architektenkeller.

Eine breite Treppe führt in das Gebäude der Architekten und zum Lokal hinauf, Sitzplätze gibt es aber auch im Innenhof. In der Eingangshalle wurden früher die Gäste des Grafen empfangen, das Esszimmer, ein Ankleidezimmer und ein Bad lagen daneben. Die Architekten treffen sich schon seit 1902 in dem Gebäude und beschäftigen sich mit den unterschiedlichsten Aspekten der Architektur. Im Vordergrund steht die Erhaltung von Baudenkmälern, um die Traditionen des Landes und architektonische Besonderheiten zu bewahren.

Die lange Bedeutung des Gebäudes für den Verband Ungarischer Architekten verhalf dem heutigen Tapas-Lokal zu seinem Namen: Arquitecto steht für Architekt, und Pitpit deutet auf Vögel hin, denn es wird mit Pieper übersetzt. Und das passt perfekt zum Straßennamen, der wiederum im Deutschen »Fünf Lerchen« heißt. In dem Lokal gibt es klassische Tapas, aber auch andere internationale Gerichte wie japanisches Tataki aus Thunfisch, Rinderbacken mit Feigen oder Ceviche.

Adresse Ötpacsirta utca 2, VIII. Bezirk, 1088 Budapest, Tel. +36/30/5911253, hallo@pitpit.hu | ÖPNV Metro 3 und 4 oder Bus 9, 15, 83, 115 bis Kálvin tér, Bus 9 bis Szentkirályi utca | Öffnungszeiten Mo–Sa 17–23 Uhr | Tipp Werfen Sie einen Blick in das Gebäude, denn dort befindet sich das größte Keramikgemälde der ungarischen Bildhauerin Margit Kovács (1902–1977), die in Budapest und anderen Orten ihres Heimatlands diverse öffentliche Kunstwerke schuf.

# 4 Die Bäckereien
*Mancher Mensch lebt nur vom Brot allein*

Geschmolzene Butter, brauner Zucker, Hefe … Gibt es etwas Verlockenderes als den Geruch von frischem Brot, lauwarmen Croissants oder mit Zimt bestreuten Hefeschnecken? Wohl kaum! Das scheinen sich unzählige Kunden in vielen Metropolen der Welt ebenfalls zu denken. Sei es Paris, Berlin oder Madrid, überall sprießen neue Backstuben aus dem Boden. Auch Budapest hat dieser Trend längst erreicht.

Lange Schlangen bilden sich jeden Morgen vor der »Artizán Bakery«. Mit dem einen Fuß in ungarischer Tradition und dem anderen in der Gegenwart verankert, werden Pogatschen, Buchteln, Kardamomschnecken und selbstverständlich Sauerteigbrote offeriert. All das in bester Qualität, was der Bäckerei einen festen Platz im ungarischen Brothimmel gesichert hat. Auch mittags ist draußen auf der kleinen Terrasse schwer ein Tisch zu ergattern. Gleich nebenan, im dazugehörigen »Fågel«, werden Porridge und Smoothies mit pflanzlicher Bio-Milch und frischen Zutaten aus der Region in allen möglichen Varianten zubereitet. Fågel ist Schwedisch und heißt Vogel, wegen all der Körner, die hier im Angebot sind.

Das Wort Arán ist Irisch und bedeutet Brot. Im gleichnamigen Geschäft geht es ebenfalls um Sauerteig, der den Spitznamen Paddy nach dem heiligen Patrick trägt, denn Kinga und Attila, die die Bäckerei betreiben, haben lange in Dublin gelebt. Es gibt gutes Sauerteigbrot, pur oder mit Miso und Sesam verfeinert, Mandelcroissants und Bananenbrot, was vermutlich mit ihren Aufenthalten in den USA, insbesondere San Francisco, zusammenhängt. Auch bei den »butter brothers« wird fleißig gebacken. Neben köstlichen Walnuss- und Schokoladenschnecken sind zahlreiche pikante Kleinigkeiten wie mit Hüttenkäse oder Schinken gefüllte Teigtaschen und belegte Sandwiches zu haben. Mittags zwischen 11.30 und 14 Uhr wird eine Suppe angeboten. Es tut sich Köstliches in Budapests Bäckereien!

**Adresse** Artizán Bakery, Hold utca 3, 1054 Budapest; Arán Bakery, Wesselényi utca 23, 1077 Budapest; butter brothers, Lónvay utca 22, 1093 Budapest | **Öffnungszeiten** Artizán: Mo–Fr 7–18 Uhr, Sa 7.30–13.30 Uhr; Arán: Mo–Fr 7.30–19 Uhr, Sa, So 8–15 Uhr; butter brothers: Mo–Fr 7–19 Uhr, Sa 8–14 Uhr | **Tipp** Artizán verfügt über zwei weitere Lokale: Artizán Óbuda, Bécsi út 314, 1037 Budapest, und Pan'ni im Einkaufszentrum MOM Park. Auf dem Kéthly Anna tér erinnert eine Statue an die gleichnamige Sozialdemokratin. Sie gilt als wichtige Vertreterin der ungarischen Linken des 20. Jahrhunderts.

# 5  Die Bajcsy-Zsilinszky út
*Wie ein Spielzeug*

Die Haltestelle Bajcsy-Zsilinszky ist nur ein Beispiel für die hübschen Stationen der alten Metro in Budapest. Ende des 19. Jahrhunderts war entlang der Andrássy eigentlich eine Straßenbahnlinie geplant. Doch die Pläne wurden verworfen, und stattdessen entstand die erste Metro des europäischen Festlandes. »Schuld« daran war die Firma Siemens & Halske aus Berlin, die der Stadt zur Millenniumsfeier 1896 den Bau einer U-Bahn anbot. Sie überzeugte damit, dass auch für Berlin schon eine Untergrundbahn in Planung sei und Budapest mit dem Bau der ersten Metro neue Maßstäbe setzen würde. Die Entwürfe sahen hübsche Pavillons an den Ein- und Ausgängen vor, die die Andrássy zusätzlich schmücken sollten. Tatsächlich entstand die 3,68 Kilometer lange Strecke in weniger als zwei Jahren, und rechtzeitig zur Tausend-Jahr-Feier fuhren die ersten Besucher mit der Metro 1 vom Heldenplatz zum heutigen Vörösmarty-Platz.

Was anfangs als echte Touristenattraktion galt, wurde zu einem Beförderungsmittel, das sich schnell in der Stadt etablierte. Die Linie wird als »Millenniumsbahn« oder »Deutsche Elektrische Untergrundbahn Franz Joseph« (Ferencz József Földalatti Villamos Vasút) bezeichnet, denn der war damals Kaiser von Österreich sowie König von Ungarn und kam zur Einweihung. Zum Dank erhielt er ein Album mit U-Bahn-Ansichten und die Metro seinen Namen.

Heute erinnert die Linie an eine Spielzeugbahn, weil die Inneneinrichtung altmodisch und aus Holz ist, die Haltegriffe noch aus Leder und die Haltestellen so besonders sind. Auffallend sind die alten Schilder und Kacheln, die Wärterhäuschen, schmiedeeisernen Pfeiler, die Treppenauf- und -abgänge. Die Metrolinie 1 fährt zu einer Reihe von Sehenswürdigkeiten und zum Stadtwäldchen – und nicht nur Bajcsy-Zsilinszky út, die ihren Namen nach dem Zweiten Weltkrieg von dem gleichnamigen Widerstandskämpfer erhielt, ist sehenswert.

Adresse Die alte Linie der Metro 1 verläuft von Vörösmarty tér bis Mexikói út (weitere Stationen: Deák Ferenc tér, Bajcsy-Zsilinszky út, Oper, Oktogon, Vörösmarty utca, Kodály körönd, Bajza utca, Hősök tere und Széchenyi fürdő). | Tipp Seit 1975 gibt es ein Millennium-U-Bahn-Museum (Földalatti Vasúti Múzeum) mit Wagen, Karten, Bildern und anderen Zeitdokumenten. Dazu gehört auch ein Tunnelabschnitt, in dem des Besuchs von Franz Joseph gedacht wird (Unterführung Deák tér; Di – So 10 – 17 Uhr).

# 6 Die Bauhaus-Relikte
*Architektonisch aufregende Entdeckungen*

Die Margit körút ist keine schöne Straße und wird nie als besonders sehenswert hervorgehoben. Dennoch lohnt sich ein Spaziergang über diese verkehrsreiche Ringstraße, da hier einige interessante Beispiele für die Bauhaus-Architektur in Budapest stehen. 1934 wurde mit der Umgestaltung der Straße begonnen, also genau zu der Zeit, als die Bauhaus-Schule und ihre kreativen Köpfe von sich reden machten. In Budapest herrschte damals große Wohnungsnot, denn Ungarn steckte bereits seit dem Ersten Weltkrieg in einer wirtschaftlichen Krise. Viele Menschen kamen aus den umliegenden Gebieten und vom Land auf der Suche nach Arbeit in die Stadt. So entstanden in den 1930er Jahren große Wohnsiedlungen und viele neue Mietshäuser. Die Architektur teilte sich in die ungarisch-traditionelle und die modern-avantgardistische auf, wozu die Vertreter des Bauhauses zählten.

So befinden sich auch auf der grauen Margit körút Häuser unterschiedlicher Stile. Die Bauhaus-Bauten fallen auf den ersten Blick meist gar nicht auf. Am bekanntesten ist die Nummer 55, in der sich das Kino »Átrium« befindet. Es wurde von Lajos Kozma geplant, dessen erste Entwürfe noch dem Jugendstil nahe waren, doch schon bald immer moderner wurden. Ein Blick in das alte Kinogebäude reicht aus, um in diese Zeit einzutauchen. Es wurde 1937 eröffnet und zählt zu den ersten ungarischen Bauten, die extra für ein Filmtheater konzipiert wurden.

Nur wenige Schritte entfernt befinden sich weitere Häuser dieser Epoche, darunter die Nummern 17 und 29 (die Tür beachten!) sowie 55 und 69. Die Nummer 15 wurde von Béla Hofstätter und Ferenc Domány entworfen. Sie hat ein wunderbares geschwungenes Treppenhaus, das von der Straße Rómer Flóris utca aus am besten zu erkennen ist. Von diesen beiden Architekten stammen in der Gegend eine ganze Reihe von Gebäuden und auch die Inneneinrichtung des Kinos Broadway an der Károly körút.

Adresse Margit körút 15, 19, 29, 55, 69 und Rómer Floris utca Ecke Margit körút, I. Bezirk, 1024 Budapest | ÖPNV Straßenbahn 4 oder 6 über die Margaretenbrücke bis zur ersten Haltestelle in Buda (Margit híd, Budai hidfő), von dort zu Fuß | Tipp Unter budapest100.hu finden sich viele Anregungen zum Thema Bauhaus. Hinweise, Touren und Informationen (zum Beispiel eine lichtdurchflutete Marmorkuppel, eine besondere Balkonkonstruktion, ein Treppenhaus, ein Kraftwerk oder ein Park) gehören dazu.

# 7 Das Béla-Bartók-Museum
## *Stille Zuflucht am Rande der Großstadt*

Béla Bartók mochte den Tumult der Großstadt nicht. Deshalb zog er mit seiner Familie 1932 in ein Haus am Rande Budapests. Zu diesem Zeitpunkt gab es in der Umgebung lediglich große Gärten und vereinzelt Villen. Das lauteste Geräusch am Morgen war der Gesang der Vögel. Hier hatte der Künstler die Ruhe, die er zum Komponieren benötigte. Es sollte seine letzte Bleibe in Ungarn werden, denn die Angst, Ungarn könnte sich dem nationalsozialistischen Deutschland anschließen, veranlasste ihn, 1940 mit seiner Familie in die USA zu emigrieren. Dort fiel es ihm schwer, Fuß zu fassen. 1945 starb Béla Bartók, der zeitlebens kränklich gewesen war, an Leukämie.

In seinem ehemaligen Wohnhaus im II. Bezirk wurde 1981, hundert Jahre nach seiner Geburt, eine persönliche Gedenkstätte eingerichtet. Im Garten begrüßt den Besucher ein Bartók-Denkmal, das der Bildhauer Imre Varga schuf. Viele Jahre konnte man im Haus Fotografien und persönliche Gegenstände des Komponisten bewundern. Der Eingangsbereich wurde zu einer Halle erweitert und im ersten Stock ein Konzertsaal eingerichtet. Heute finden regelmäßig Konzerte statt, und man hat es sich zur Aufgabe gemacht, den Geist des Komponisten durch Musik, auch vieler zeitgenössischer Komponisten des Landes, lebendig zu halten.

Neben seinen Kompositionen widmete sich Bartók dem Sammeln von alten ungarischen Volksliedern; er wollte zum Ursprung dieser Musik vordringen. Dazu bereiste er große Teile des damaligen Ungarn und sammelte mehr als 9.000 Melodien verschiedener Volksgruppen. Ein Grammofon, vor dem die Landbevölkerung sich manchmal fürchtete, war auf diesen Exkursionen ständiger Begleiter. Mit übertriebenem Nationalismus aber hatte das wenig zu tun. Die Bedeutung der Musik beschrieb er in einem Brief an einen Freund so: »Meine eigentliche Idee ist die Verbrüderung der Völker. Dieser Idee versuche ich mit meiner Musik zu dienen.«

**Adresse** Csalán út 29, II. Bezirk, 1025 Budapest | **ÖPNV** Metro 2 bis Szell Kálmán tér, Bus 5 bis Pasaréti tér, durch die Csévi utca zur Csalán út | **Öffnungszeiten** nur wenn ein Konzert oder andere Veranstaltungen stattfinden, bartokemlekhaz.hu | **Tipp** Ein Spaziergang durch diese ruhige und grüne Gegend, in der eine ganze Reihe schöner alter Villen steht, lohnt sich.

# 8 Der Boulevard
*Geschichten und Besonderheiten*

Die Béla-Bartók-Straße hat sich zu einer der beliebtesten Straßen im südlichen Teil von Buda entwickelt. Seit 1945 ist sie nach dem Komponisten benannt. Béla Bartók war ein Gegner des nationalsozialistischen Terrors und legte in seinem Testament fest, dass in Ungarn kein Ort seinen Namen tragen dürfe, solange es noch Mussolini-Plätze oder Hitler-Straßen gäbe. Inzwischen gibt es allein in Budapest sechs Straßen mit seinem Namen. Diese Straße, die am besten vom Szent Gellért tér aus zu erreichen ist, gleicht einem Boulevard und wird von großzügiger Architektur gesäumt. Mehrstöckige Gebäude, die überwiegend Ende des 19. und Anfang des 20. Jahrhunderts entstanden (Neobarock und Jugendstil sind beispielsweise zu finden), lassen erahnen, wie es sich hier lebte.

Eins der bekanntesten Gebäude ist das Hadik-Haus mit seiner schönen Jugendstil-Fassade. Darin befindet sich seit 1911 das gleichnamige Kaffeehaus. Hier gingen in den 1920er Jahren bekannte ungarische Literaten, aber auch feine Budapester Damen ein und aus. Davor breitet sich der dreieckig angelegte Gárdonyi-Platz aus, auf dem sich Sitzgelegenheiten, ein Springbrunnen und das Denkmal des Dichters befinden. Géza Gárdonyi lebte von 1863 bis 1922 und wurde mit seinem Roman »Sterne von Eger«, der seit Langem zur Pflichtlektüre an den Schulen des Landes gehört, berühmt. In unmittelbarer Nähe (Nummer 40) liegt das Gyula-Lechner-Haus, das der berühmte Architekt Ödön Lechner für seinen Bruder entwarf. Und im ersten Stock des Hauses Nummer 17 befindet sich eine Kapelle.

Kleine Läden, Galerien, Cafés, Restaurants und Bars reihen sich aneinander. Die Eisdiele Mikrokosmos, die Weinhandlung Bor, der Designladen Palmetta, die Artphoto-Galerie, Fári Antiquitäten, der Pagony-Buchladen für Kinder, Schokoladen von Stühmer und Lokale wie Ono Poke Bowl, Mitzi oder Nicaragua sind Beispiele für die bunte Vielfalt der Straße.

**Adresse** Bartók Béla út, XI. Bezirk, 1114 Budapest | **ÖPNV** Metro 4 zum Szent Gellért tér | **Tipp** Im Verlauf der Straße befindet sich in einer Parkanlage der Feneketlen-See. Ein schöner Ort, um den Trubel hinter sich zu lassen. Dort gibt es ebenfalls Gastronomie.

# 9 Das Brody House
*Ein besonders schönes Hotel*

Von außen ist nicht zu erkennen, was für ein Juwel sich hinter den grauen Mauern verbirgt. Nicht, dass das Gebäude an sich nicht prächtig wäre. Aber man hat es eben nicht frisch gestrichen. Betritt man dann die Eingangshalle, sticht einem sofort das wunderbare Fenster ins Auge, das in Richtung Hof zeigt. Daran vorbei geht es die Treppen hinauf zur Rezeption. Dort oben befinden sich außerdem die Räume für das morgendliche Frühstück. Alles ist wirklich sehr schön und mit viel Stil dekoriert. Alte Öfen wurden aufgearbeitet, und ein geschmackvoller Mix von Möbeln, Farben und Design beherrscht die Einrichtung. Zu erwähnen wäre da auch noch die Lage. Beim Frühstück schaut man nämlich auf den Park, der das ungarische Nationalmuseum umgibt.

Bevor das Brody House überhaupt zum Gästehaus und Boutique-Hotel wurde, lebten der Schwede Peter Grundberg und der Engländer William Clothier, die hinter dem Konzept stecken, selbst hier. Sie sammelten Freunde aus der Kunstszene um sich, und es wurden Abendessen und Salons organisiert. Jeder Künstler gab dem Raum, in dem er zeitweise lebte und arbeitete, seinen ganz persönlichen Anstrich.

So gibt es heute im Brody House elf individuelle Hotelzimmer. Sie tragen jeweils den Namen desjenigen Künstlers, der sie eingerichtet hat. »Droga Room« zum Beispiel wurde von Bo Droga eingerichtet, einem Künstler, der jetzt in Paris lebt. Ist er aber in Budapest zu Besuch, fügt er der Einrichtung jedes Mal ein Objekt hinzu. Bei der Ankunft im Hotel bekommt man eine liebevoll gestaltete Mappe mit vielen Insidertipps für die Stadt. Auch besondere Wünsche werden auf Anfrage hin nach Möglichkeit erfüllt. Brody House ist einfach schick und schön! Zur Brody-Gruppe gehören außerdem ein Appartementhaus, ein »Artyard«, in dem Ausstellungen stattfinden, und ein Club, den die Gäste des Hotels selbstverständlich auch besuchen können.

**Adresse** Bródy Sándor utca 10, VII. Bezirk, 1088 Budapest, Tel. +36/1/5507363, brody.house | **ÖPNV** Metro 3 bis Kálvin tér, zu Fuß vorbei am Nationalmuseum, gleich dahinter liegt die Bródy-Sándor-Straße | **Tipp** Wer zum Frühstück gern das Hotel verlässt, ist im Café Nagy Lumen bei Rührei, Granola und Sandwiches gut aufgehoben. Hier gibt es außerdem regelmäßig Live-Konzerte. Horánszky utca 5, Mo – So 10 – 24 Uhr.

# 10 Die Bronze-Jungen
## *Ein Klassiker der Jugendliteratur*

Biegt man von der Kisfaludy utca in die Práter utca ein, stößt man auf eine Gruppe von Jungen aus Bronze. Die drei, die da versunken ins Murmelspielen hocken, gehören zu der Bande aus der Paulstraße. Ihre Schultaschen stehen vergessen an der Seite. Die anderen zwei, die zuschauen, sind Mitglieder der verfeindeten »Rothemden«, und sie führen nichts Gutes im Schilde. Sie haben es nämlich auf die schönen Murmeln abgesehen. Noch dazu wollen sie den Jungen aus der Paulstraße ihren »Grund« wegnehmen. Der »Grund«, das ist ein leerer Bauplatz, auf dem diese immer spielen und der für sie Freiheit symbolisiert.

In dem Buch geht es um Freundschaft, Loyalität und Idealismus – wohl das Geheimnis des Erfolges dieses ungarischen Klassikers. Erich Kästners Buch vom »fliegenden Klassenzimmer« nimmt das Thema auf. Allerdings kommt es dort am Ende nicht zu einer traurigen Katastrophe wie in der Vorlage. Das Wort »Einstand«, das im Roman von Ferenc Molnár für eine Art Kriegserklärung steht und bedeutet, etwas in Besitz nehmen zu wollen, das einem nicht gehört, ist heute noch als Lehnwort im ungarischen Wortschatz zu finden.

Die Geschichte der Jungen aus der Paulstraße hat seit Generationen ungarische Heranwachsende begleitet. Auch heute zählt sie in ungarischen Grundschulen meist zur Pflichtlektüre. 1907 ist das Buch erschienen, der Schriftsteller Ferenc Molnár zählte im 20. Jahrhundert zu den bedeutendsten Dramatikern Ungarns. 1937 musste er wie viele wegen seiner jüdischen Abstammung fliehen und emigrierte 1940 in die USA. Dort verfasste er weitere Bühnenstücke. Zu seinen bekannteren Werken zählen »Liliom« und »Der Schwan«, letzteres wurde filmisch mit Grace Kelly in Szene gesetzt.

Das Buch über die Jungen von der Paulstraße wurde mehrmals verfilmt, das letzte Mal im Jahr 2003 in Italien. So ganz aus der Mode ist der Jugendroman also immer noch nicht.

**Adresse** Práter utca 11, VIII. Bezirk, 1083 Budapest | **ÖPNV** Metro 3 bis Corvin-negyed, von dort ein kleines Stück zu Fuß | **Tipp** Nicht weit entfernt befindet sich der Botanische Garten, ebenfalls Schauplatz im Roman der Bande aus der Paulstraße. Der Eingang liegt an der Illés utca.

# 11\_Die Buchhandlung
## *Lesen! Nicht nur als Zeitvertreib*

Lesen kann eine Tür in andere Welten und zu anderen Sichtweisen öffnen. In Budapest wurde und wird viel gelesen, und es gab immer zahlreiche Buchhandlungen und Antiquariate. Während der kommunistischen Epoche konnten Menschen, die aus den strenger zensierten »Bruderländern« (wie zum Beispiel der DDR) zu Besuch waren, Presse und Bücher kaufen, die es im eigenen Land nicht gab. Trotz Treue zur Sowjetunion waren in Ungarn während der 1960er Jahre kleine Zugeständnisse an die Freiheit der Bürger gemacht worden. Das betraf die Privatwirtschaft im Kleinen und eben auch eine leichte Öffnung für die ausländische Presse. In der Váci utca zum Beispiel, heute die innerstädtische Shoppingmeile, gab es gleich mehrere Buchläden – und ein Verlagsgebäude befand sich ebenfalls hier.

Auf der Andrássy út liegt eine derjenigen Buchhandlungen, die schon sehr lange existieren, die »Irok boltja«. In ihren Räumen befand sich einst das »Japan Kaffeehaus«, das als Institution galt und von Schriftstellern, Künstlern und Studenten gleichermaßen besucht wurde. Ödön Lechner zum Beispiel soll sich gern hier aufgehalten haben. Als viele Kaffeehäuser von den Kommunisten verstaatlicht und in Geschäfte oder Lagerräume verwandelt wurden, wurde das »Japan Kaffeehaus« immerhin zu einem Buchladen. Um an diese Tradition anzuknüpfen, befand sich im »Irok boltja« lange auch eine kleine Teehaus-Ecke. Es gibt viele Kunstbücher, alte Landkarten, Drucke und schöne Foto-Postkarten. Im Mezzanin werden Lesungen und Buchvorstellungen abgehalten. Hier herrscht genau die gedämpfte und konzentrierte Atmosphäre, die man sich in einem Raum mit vielen Büchern erhofft.

Ein weiterer sehr schöner Buchladen nennt sich »Atlantisz Könyvsziget« und befindet sich in der Király utca. Hier trifft man Studenten und Professoren gleichermaßen und kann außerdem ausländische Bücher bestellen.

**Adresse** Irok boltja, Andrássy út 45, VI. Bezirk, 1061 Budapest; Atlantisz Könyvsziget, Anker köz 1 | **ÖPNV** Metro 1 bis Oktogon, die Irok boltja befindet sich gleich an der Ecke zum Liszt Ferenc tér | **Öffnungszeiten** Irok boltja: Mo–Fr 10–19 Uhr, Sa 11–15 Uhr; Atlantisz Könyvsziget: Mo–Fr 10–18 Uhr, Sa 10–14 Uhr | **Tipp** Englische Bücher und Presse bekommt man bei »Bestsellers« in der Október 6 utca 11. Auf der Múzeum körút, nahe Kálvin tér, reihen sich mehrere Antiquariate aneinander.

# 12 Die Buchwaldstühle
*Unterwegs auf Budapests alter Flaniermeile*

Zu Beginn des 19. Jahrhunderts entfaltete sich auf der Pester Zeile nahe der Donau ein zunehmend reges Leben. Damals fuhren hier noch Kutschen, denen man ausweichen musste. Auf dem Donaukorso konnte sich jeder zeigen. Eine besonders populäre Zeit fürs Promenieren war der Sonntagmorgen, meist nach der heiligen Messe. Die Damen führten dann ihre schönsten Kleider und Schuhe aus, die Herren vornehme Hüte, mit denen man so schön grüßen konnte. Die Ungarn erfanden sogar ein Wort für das Promenieren am Korso: korzózni (auf Ungarisch heißt der Donaukorso nämlich Duna korzó), das bedeutete in etwa: langsam schlendern und dazu die gute Sonntagsgarderobe vorführen.

Wer dann eine Pause benötigte, versuchte einen der sogenannten Buchwaldstühle zu ergattern, die am Donaukorso standen. Benannt waren sie nach dem pfiffigen Unternehmer Sándor Buchwald, der diesen Service an der Donau und auch im Stadtwäldchen hinter dem Heldenplatz zur Verfügung stellte. Man zahlte den uniformierten Fräuleins der Firma Buchwald seinerzeit 20 Fillér und konnte dann bei schönem Wetter stundenlang hier sitzen. Vor dem Vigadó, dem prächtigen Konzertsaal, standen die Stühle damals sogar in acht bis zehn Reihen. Es war also schon beinahe wie im Theater. Die ganze Stadt war hier zu finden, und von den Terrassen der Cafés erklang häufig Livemusik.

Heute gibt es auf dem Donaukorso wieder eine ganze Reihe von Stühlen, auf denen sich die Spaziergänger im Sonnenschein bequem niederlassen können; bezahlen muss man dafür aber nichts. Besonders ältere Einheimische nutzen diese Möglichkeit gern. Hier kann man den anderen beim Flanieren zusehen oder den tollen Panoramablick auf den Burgpalast, die Fischerbastei, die Kettenbrücke und die vorbeifließende Donau auskosten. Besonders schön ist der Blick, wenn es dunkel ist und die gesamte Szenerie im Lichterglanz erstrahlt.

**Adresse** Donaukorso (Duna korzó), V. Bezirk, 1052 Budapest | **ÖPNV** Straßenbahn 2 bis Vigadó oder Metro 1 bis Vörösmarty tér und ein Stück in Richtung Donau laufen | **Tipp** Im Restaurant Dunacorso am Vigadó tér 3 bekommt man gute ungarische Küche, zu allerdings etwas gehobenen Preisen.

# 13 — Der Budapester Supermarkt
*Ungarischer Snack aus dem Kühlregal*

Der Besuch eines Supermarktes im Ausland ist immer interessant. Neben ungarischen Lebensmittelketten sind in Budapest viele internationale Supermärkte zu finden. Die Regale sind selbstverständlich so bestückt, wie der Einheimische es wünscht. Unser Augenmerk gilt dem Kühlregal. Denn dort findet man den ungarischen Pausensnack, genannt Túró Rudi. Dabei handelt es sich um einen schmalen Schokoladenriegel, der mit Quark gefüllt ist. Eingewickelt ist dieser ungarische Klassiker in weißes Papier mit roten Punkten darauf. Manche finden die Geschmackskomposition vielleicht etwas seltsam, aber die Ungarn lieben ihren Túró Rudi. Häufig kann man auf der Straße oder in der Metro beobachten, wie jemand den gepunkteten Riegel aus seiner Tasche zieht. Und schließlich isst man in anderen Ländern ja auch Käse mit Marmelade.

Erfunden wurde der Túró Rudi in den 1960er Jahren, so ist es nachzulesen, und sein Ursprung liegt in der Sowjetunion. Dort kam er allerdings aus der Gefriertruhe. Die Ungarn änderten die Inhaltsstoffe so, dass man ihn im Kühlschrank aufbewahren konnte. Túró ist das ungarische Wort für Quark. Rudi ließe sich einerseits von der Abkürzung des Namens Rudolf oder vom ungarischen Wort für Stange, rúd, ableiten. Manchmal wird der Schokoriegel auch Pöttyös Rúdi genannt, weil das der Name des Herstellers ist, und pöttyös heißt gepunktet. So einfach ist das.

So gesund wie gern behauptet, soll der Riegel einer Untersuchung zufolge wohl doch nicht sein. Die Schokoumhüllung besteht unter anderem aus ungesättigten Fettsäuren. Aber probieren kann doch keine Sünde sein. Von den Ungarn jedenfalls wird das Kühlregal der Supermärkte zielsicherer angesteuert, wenn es gilt, einen Pausensnack einzukaufen. Im Budapester Supermarkt gibt es noch andere interessante und landestypische Lebensmittel zu entdecken.

**Adresse** Túró Rudi gibt es in jedem Supermarkt, zum Beispiel bei »Prima«, Anker köz 1 oder in der József Attila utca 16. | **ÖPNV** Metro bis zum Déak Ferenc tér, von dort ist es zu beiden Märkten nicht weit | **Tipp** Weitere ungarische Spezialitäten sind »Barackpálinka«, ein Aprikosenschnaps, der Kräuterlikör Zwack Unicum oder Erős Pista, eine scharfe Würzpaste mit Chili. Oder ein Käse namens Parenyica, der ursprünglich aus der Slowakei stammt. Er wird geräuchert und aufgerollt oder zu kleinen Zöpfen geflochten.

# 14_ Die Burgerläden
*Oder doch lieber Bagel?*

Auch in Budapest schießen Burgerrestaurants wie Pilze aus dem Boden. Smashy und Bamba Marha Burger Bár sind besonders beliebt. Bamba Marha – was so viel wie »Wow, verdammtes Vieh!« oder »Großartiges Rindfleisch!« heißt – erobert die Stadt seit 2015, inzwischen gibt es neun Filialen – also entsteht jährlich ein neues Lokal. Das leuchtende Orange fällt ins Auge, genauso wie die Stühle, von denen dem Gast Kühe entgegenblicken. Hier kann man sich niederlassen und nach dem Einkaufsbummel durch die Vaci utca in der Haris köz in Ruhe einen Burger nach Wahl genießen. »Wenn Burger, dann Bamba« lautet ein Slogan. Auch Feiern mit bis zu 20 Personen sind in der Filiale am Ferenciek tere möglich.

Die Smashy-Take-away-Lokale zeichnen sich nicht nur durch gute Qualität, sondern auch durch ein auffälliges Design aus: Knallblau sind die Markisen, blau kariert die Verpackungen und blau auf weiß die Tüten, in denen die geliebten Burger davongetragen werden. Das Besondere am Smashy Burger ist, dass das Fleisch nicht gleich als Patty auf den Grill kommt, sondern in Form eines Kloßes, der dann beim Braten flachgedrückt wird. Ein individueller Burger sozusagen, da seine Form nicht genormt ist und er jedes Mal ein wenig anders aussieht. Deshalb lautet der Slogan auch »Back to basic«. Der Geschmack begeistert viele Kunden, und die Schlange vor Smashy ist häufig lang und reicht bis weit auf den Gehsteig. Sitzmöglichkeiten gibt es allerdings nicht.

Das ist im benachbarten Bagel-Laden, der ebenfalls sehr zu empfehlen ist, anders. »Bägel« existiert bereits seit 2013. In einem kleinen, im Vintage-Look gestalteten hellen Laden werden die unterschiedlichsten Bagels zubereitet. Entenpaté mit Birne ist ein außergewöhnliches Beispiel, Avocado-Walnuss, Brie mit Zwiebelmarmelade oder Hot Chicken werden angeboten, aber auch die klassischen Creamcheese-Bagels. Draußen gibt es eine kleine Terrasse mit Sitzgelegenheiten.

**Adresse** Bamba Marha: Haris köz, V. Bezirk, 1052 Budapest; Smashy Burger: Baross utca 4, Bägel direkt daneben | **ÖPNV** Metro 3 zum Ferenciek tere, die Kossuth Lajos utca überqueren und links in die Haris köz; Metro 3 und 4 zum Kálvin tér und dann in die Baross utca (Smashy befindet sich gleich links) | **Öffnungszeiten** Bamba Marha: 11.30–23 Uhr, Smashy: täglich 11–21.30 Uhr | **Tipp** Am Abend den Sonnenuntergang auf dem Gellértberg genießen (mit dem Bus 27 zu erreichen) – die Dächer der Stadt wirken dann wie vergoldet.

# 15 — Die Buslinie 16
## *Alternative Stadtrundfahrt auf den Burgberg*

So wie man mit der Straßenbahnlinie 2 wunderbar eine Stadtrundfahrt die Donau entlang, am Parlament und anderen Sehenswürdigkeiten vorbei bis zur großen Markthalle machen kann, kann man die Buslinie 16 ab Széll Kálmán tér nutzen, um sich einen ersten Überblick über das mittelalterliche Burgviertel zu verschaffen. Man gelangt durch das Wiener Tor auf den Budaer Burghügel und lässt das ungarische Staatsarchiv mit seinem bunt gekachelten Dach rechts hinter sich zurück. Es wurde von demselben Architekten erbaut, der auch die große Markthalle entwarf. Nach einem kleinen Bogen hält der Bus am Szentháromság tér, in dessen Mitte eine Dreifaltigkeitssäule steht. Sie wurde in Erinnerung an eine Pestepidemie im 17. Jahrhundert errichtet und gibt dem Platz seinen Namen. Außerdem sind links die Matthiaskirche und gleich dahinter die Fischerbastei zu sehen.

Zwischendurch gibt es natürlich immer die Möglichkeit auszusteigen, um sich umzusehen oder einen kleinen Spaziergang zu unternehmen. Die gesamte Burganlage wurde in den letzten Jahren saniert und verschönert. Ein reizvoller Weg liegt in südwestlicher Richtung, der sogenannte Tóth Árpád sétány. Er folgt der Burgmauer, man hat schöne Ausblicke in die Budaer Hügel, und nicht jeder verirrt sich hierher. Im Sommer ist ein kleiner Pavillon aufgebaut, an dem man Erfrischungen zu sich nehmen kann.

Ab Dísz tér geht es mit dem Bus über einige Stationen langsam wieder hinunter. Durch den Tunnel gelangt man zum Clark Adam tér, benannt nach dem schottischen Ingenieur, der den Bau der Kettenbrücke leitete. Dann geht es über die Donau nach Pest. Am Ende der Brücke erreicht man den Széchenyi tér. Direkt gegenüber liegt das wunderschöne Luxushotel Gresham Palace. Das stattliche Gebäude zur linken Seite des Platzes ist die Akademie der Wissenschaften. In der Arany János utca ist man am Ende der kleinen Stadtrundfahrt angelangt.

**Adresse** oberhalb des Széll Kálmán tér auf der Várfok utca, 1024 Budapest, liegt die Endhaltestelle der 16, dazu die Treppenstufen nutzen | **ÖPNV** Metro 2 zum Széll Kálmán tér | **Tipp** Die Konditorei Ruszwurm in der Szentháromság utca 7 ist ein berühmtes Café, das ganz im Biedermeierstil eingerichtet ist und guten Kuchen anbietet.

# 16 Das Café Dunapark
*Kaffeeklatsch mit Blick auf die Donau*

Das Café Dunapark befindet sich in einem der schönen Wohnblocks, die den Pester Szent-István-Park umgeben. Hier ist während der 1930er Jahre ein für damalige Verhältnisse äußerst modernes und großstädtisches Gebäudeensemble mit vielen Elementen des Bauhausstils und Art déco entstanden. So gibt es im Café viel Metall, Kurven und geschwungenes Design. Das Dunapark ist geradezu ein Art-déco-Juwel. Man kann sich gut vorstellen, dass es zur Zeit seiner Eröffnung im Jahr 1937 zu den modernsten Kaffeehäusern der Stadt zählte. Damals lebte in der Umgebung das junge, aufgeschlossene Bürgertum, und es hat den Anschein, als wäre das auch heute wieder ein bisschen so.

Die Betreiber des Café Dunapark haben sich zum Ziel gesetzt, im Stil der mondänen 1930er Jahre den Ansprüchen des 21. Jahrhunderts gerecht zu werden. Der ganze Raum des Cafés hat etwas Gediegenes. Die geschwungenen Metallgeländer der Balustrade, die das offene Halbgeschoss umlaufen, lassen den Gast an ein Kino oder ein schickes amerikanisches Diner denken. Das Gebäude wurde von Béla Hofstätter und Ferenc Domány entworfen. Nach sorgsamer Renovierung eröffnete es im September 2006 erneut seine Türen. Seitdem gehört es zu den beliebten Anlaufstellen der Budapester Kaffeehausszene. Hier treffen sich ausländische Studenten mit ihren Laptops, Geschäftsleute im Anzug, junge Mütter und ältere Damen zum Kaffeeklatsch. Gegen Abend ertönt manchmal dezente Livemusik. Sobald das Wetter es zulässt, kann man seine Getränke, hausgemachten Backwaren oder Torten auch draußen auf der großzügigen Terrasse zu sich nehmen. Immer mit Blick auf den Szent-István-Park und die Donau.

Im Sommer gibt es selbst gemachte Eiscreme, das ganze Jahr über sehr guten Kaffee, Tee und frisch gepresste Säfte. Besonders gut und reichhaltig ist das Frühstück, zu dem man sich am Wochenende ganz in Ruhe niederlassen kann.

**Adresse** Pozsonyi út 38, III. Bezirk, 1039 Budapest | **ÖPNV** Straßenbahn 2, 4 oder 6 bis Jászai Mari tér, dort beginnt die Pozsonyi út | **Öffnungszeiten** täglich 9–20 Uhr | **Tipp** Nach dem Besuch im Café bietet sich ein Spaziergang in der Pozsonyi út mit ihren vielen kleinen Läden an. Oder man besucht den schönen Szent-István-Park.

# 17 Das Capa-Center
*Ein leuchtendes Geheimnis*

Das Capa-Center für zeitgenössische Fotografie befindet sich seit 2013 in den Räumen des einstigen Ernst-Museums. Dieses wurde in der gründungsfreudigen Phase Anfang des 20. Jahrhunderts vom begeisterten Kunstsammler und Mäzen Lajos Ernst ins Leben gerufen. Er ließ das Gebäude unter Mitwirkung einer Reihe einflussreicher Künstler erbauen und einrichten. Seit jeher war das Ernst-Museum eine Institution, die die Vielfalt verschiedener Medien in den Vordergrund stellte.

Auch der Künstler József Rippl-Rónai war ein Allroundtalent. Vor allen Dingen widmete er sich der Malerei. Aber er entwarf auch Gebrauchsgegenstände, richtete ein Palais für seinen Mäzen Graf Andrássy ein, kreierte Wandteppiche (die seine Frau stickte und die auf der Pariser Weltausstellung prämiert wurden) und Glasfenster, wie jenes, auf das die Blicke gleich beim Betreten des Capa-Centers unweigerlich fallen. In leuchtend bunten Farben, Kirschrot, Knallblau, Grün und Sonnengelb, sind drei Frauengestalten zu erkennen. Auch die kleineren Fenster seitlich des Treppenaufgangs stammen von Rippl-Rónai, der die Kunst als eine Lebenshaltung betrachtete, die sich auf alle Bereiche auswirken solle. Anfang 2015 fand in der ungarischen Nationalgalerie, die viele seiner Werke besitzt, eine große Ausstellung für den Künstler statt. Man fokussierte sich auf die Freundschaft Rippl-Rónais mit Aristide Maillol. Zeit seines Lebens war Rippl-Rónai bestrebt, seinen eigenen Stil zu entwickeln und sich nicht einer Gruppe anzupassen.

Woher das Capa-Center seinen Namen erhielt, liegt auf der Hand: von Robert Capa, der als Endre Ernő Friedmann in Budapest geboren wurde und dessen Fotos vom Spanischen Bürgerkrieg und anderen Kriegsschauplätzen ihn weltberühmt machten. Und seinem Namensgeber folgend widmet sich das Museum heute der nationalen und internationalen Presse- und Dokumentationsfotografie.

**Adresse** Nagymező utca 8, V. Bezirk, 1065 Budapest, Tel. +36/1/4131310, capacenter.hu | **ÖPNV** Metro 1 bis Opera, Straßenbahn 4 und 6 bis Oktogon oder Bus 105 bis Opera | **Öffnungszeiten** Di–Fr 13–18 Uhr, Sa, So 10–18 Uhr, Mo geschlossen | **Tipp** Bei einem Besuch in der Ungarischen Nationalgalerie auf dem Burgberg kann man neben József Rippl-Rónai weitere interessante ungarische Künstler des 20. Jahrhunderts kennenlernen.

# 18 Die Dachbar 360 Grad
*Dem Himmel so nah*

Im Frühling oder Sommer, wenn das Thermometer in der ungarischen Metropole stetig steigt, sehnen sich viele Menschen nach einem lauen Lüftchen. Wenn dieses auch noch mit einem sensationellen Ausblick kombiniert und zudem einfach erreicht werden kann, wird der Ort zu einer der attraktivsten Locations der Stadt. Eines dieser – im wahrsten Sinne des Wortes – Highlights ist die Dachbar »360 Grad«. Sie befindet sich ganz zentral in der Andrássy út 39, auf dem Dach des alten Pariser Kaufhauses (der Eingang liegt jedoch rechts neben dem Kaufhauseingang). Mit einem Fahrstuhl geht es dem Himmel entgegen und direkt in die Bar. Sie ist schlicht und modern und mit vielen Holztischen und Sitzmöglichkeiten ausgestattet. Dazu Holzpaletten, zwei Bars, freundliches Personal und viele Menschen, die den Blick, die Atmosphäre und vermutlich gleichzeitig die Entrücktheit über der Stadt genießen wollen. Was für ein Glück, dass die jahrzehntelang ungenutzte Terrasse für die Öffentlichkeit zugänglich gemacht wurde. Sie bietet eine wunderbare Aussicht, aber auch ein Blick in den gläsernen Lichthof im Mittelpunkt der Bar lohnt sich. Dieser Ort ist entspannt und lässig, außerdem finden regelmäßig Abendveranstaltungen statt.

Eine weitere Dachterrasse mit schönem Ausblick befindet sich im Hotel President in der Hold utca. Das »Intermezzo« ist insbesondere beim jüngeren Publikum äußerst beliebt, auch weil man hier mit den Preisen auf dem Teppich bleibt. Um nach oben zu gelangen, holt man sich an der Rezeption des Hotels eine Karte, mit der man anschließend per Fahrstuhl in die Höhe fahren kann. Dort wird man mit einem sensationellen Blick auf das wunderbare grüne Dach der Postsparkasse von Ödön Lechner belohnt. Aber auch am Abend, wenn die Lichter der Stadt in der Dunkelheit leuchten, ist das Intermezzo ein toller Ort für einen kühlen Drink und einen kleinen Snack dazu.

**Adresse** 360-Grad-Bar, Andrássy út 39, VI. Bezirk, 1061 Budapest, 360bar.hu, Reservierung unter Tel. +36/70/2595153 oder info360bar@gmail.com; Intermezzo, Hold utca 3, V. Bezirk, 1054 Budapest, Reservierung unter hotelpresident.hu/restaurants | **ÖPNV** 360 Grad: Metro 1 bis Opera oder Oktogon oder Straßenbahn 4 und 6 bis Oktogon; Intermezzo: Metro 3 bis Arány János utca | **Öffnungszeiten** 360 Grad: So–Mi 14–24 Uhr, Do–Sa 14–2 Uhr; Intermezzo: täglich 14–22 Uhr | **Tipp** Schräg gegenüber der 360-Grad-Bar liegt das Lokal Big Fish. Dort kann man den frischen Fisch persönlich an der Theke aussuchen und kurze Zeit später auf der Terrasse oder im dezent gestylten Gastraum verzehren.

# 19 Das Denkmal der nationalen Zusammengehörigkeit
*Stein des Anstoßes*

Mit dieser in Stein gemeißelten Provokation hat Ungarns Regierung selbst manch eifrigen Anhänger überfordert. Eine hundert Meter lange Rampe führt in die Tiefe, links und rechts eingraviert sind 12.537 Orte, die bis zum Vertrag von Trianon ungarisches Territorium waren. Viele dieser Orte erscheinen nicht unter ihrem historischen Namen, sondern in magyarisierter Form. Damit waren selbst einige patriotische Landsleute nicht so recht einverstanden. Durch den 1920 unterzeichneten Vertrag von Trianon verlor Ungarn circa zwei Drittel seines vormaligen Territoriums. Nach der Niederlage der österreichisch-ungarischen Monarchie im Ersten Weltkrieg fielen Gebiete an die Tschechoslowakei, das Königreich Rumänien und den Staat der Slowenen, Kroaten und Serben. Das hat einen tiefen Stachel in der ungarischen Seele hinterlassen. Die ehemaligen Minderheiten waren jedoch von der ungarischen Krone auch unterdrückt worden und empfanden den Vertrag von Trianon als Befreiungsschlag.

2020 führte die Fidesz-Regierung unter Viktor Orbán den »Tag der nationalen Zusammengehörigkeit« ein. Dadurch fühlte sich etwa die Slowakei, in der auch heute noch gut 420.000 Magyaren leben, provoziert. Es scheint, als habe Orbán Steine gern, sein monumentales Denkmal lässt für Grün kaum Platz. Dass die Alkotmány utca durch das Monument zur Sackgasse wurde, stößt ebenfalls auf. Die Opposition vermutet, das solle ungern gesehenen Demonstranten den Weg zum Parlament abschneiden.

Interessierte Passanten laufen die Rampe bis zum Ende hinunter. Die dortige ewige Flamme ist umgeben von senkrecht stehenden Granitplatten, die durchbrochen sind und die zerrissene Nation der Magyaren symbolisieren. Die Erinnerung an den Verlust von Trianon wird mit aller Macht gepflegt – und das wird sich so bald nicht ändern.

**Adresse** Alkotmány utca, V. Bezirk, 1054 Budapest, das Monument befindet sich gleich vor dem Parlament und ist frei zugänglich | **ÖPNV** Metro 3 bis zum Kossuth Lájos tér | **Tipp** Wo Hold, Báthory und Aulich utca aufeinandertreffen, befindet sich ein immer brennendes Licht für Graf Lajos Batthyány. Der Freiheitskämpfer wurde hier, nach einem kurzen Traum der Unabhängigkeit vom habsburgischen Reich, 1849 erschossen.

## 20 Das Déryné
*Promis erwünscht*

Seit mehr als 100 Jahren lieben Künstler, Prominente, Politiker und andere weltoffene Persönlichkeiten das Restaurant Déryné in Buda. Einen Eindruck der Prominenz, die hier in den letzten Jahren ein- und ausging, bekommt man am Treppenaufgang zwischen dem Restaurant und der Küche. Dicht an dicht hängen die Fotos von berühmten Schauspielern wie Harrison Ford, Woody Allen, Sean Connery und vielen anderen Künstlern an der Wand. Doch das allein macht nicht den Charme dieses Restaurants aus. Vielmehr noch das geschmackvolle Interieur, die gute Küche, die detailreichen Kleinigkeiten, die aufmerksamen Kellner und vieles mehr.

Déryné ist eine Institution in Budapest. Bereits Anfang des 20. Jahrhunderts befand sich hier die Konditorei Auguszt. Schon damals war József E. Auguszt von Paris so begeistert, dass er den Stil von der Seine an die Donau brachte. Déryné wurde luxuriös umgebaut und das »Gerbaud von Buda« genannt. Auch nach der teilweisen Zerstörung im Zweiten Weltkrieg und der Verstaatlichung des Cafés galt es immer noch als beliebter Treffpunkt. Seinen heutigen Glanz aber erhielt das Lokal in den letzten Jahren. Die angrenzende Bäckerei wurde rekonstruiert, das Lokal saniert, neu ausstaffiert und eine feine Bistroküche eingerichtet. Viele Details, wie beispielsweise die handgeschriebenen Tischkarten, die bei einem Besuch sofort ins Auge fallen, beeinflussen heute den Charme der Brasserie Déryné, der sich längst rumgesprochen hat. Also unbedingt reservieren – auch für die Terrasse. Für größere Runden bietet sich das Kellergewölbe an oder der abgeteilte Clubraum. Zudem gibt es regelmäßig Live-Musik oder DJs spielen ihren Mix.

Nebenan in der schlicht und zweckmäßig eingerichteten Bäckerei Déryné kann man alternativ eine der köstlichen Backwaren ausprobieren. Ob Sauerteigbrot, Nusshörnchen, Pogatschen, Strudel, Baiser oder Croissant – alles ist köstlich. Dort gibt es Sitzmöglichkeiten direkt vor dem Schaufenster.

**Adresse** Krisztina tér 3, I. Bezirk, 1013 Budapest, deryne.com | **ÖPNV** Bus 178 oder Straßenbahn 56 und 56A bis Kriztina tér | **Öffnungszeiten** Mo–Do 7.30–24 Uhr, Fr 7.30–1 Uhr, Sa 9–1 Uhr, So 9–24 Uhr | **Tipp** Namensgeberin des Lokals ist die als erste ungarische Opernsängerin und Schauspielerin gefeierte Déryné Róza Széppataki (1793–1872). Eine Statue von ihr befindet sich im nahen Horvárth Park.

# 21 Die Devotionalien-Gasse
*Eine besondere Passage*

In diesem kleinen Innenhof gibt es Priestergewänder und Rosenkränze, Bücher und Kerzen, Räucherstäbchen und eine Menge anderer Devotionalien. Es ist kein Wunder, dass es in Budapest solch eine kleine Ladenpassage gibt, in der sich fast ausschließlich Läden mit Kirchenbedarf befinden, schließlich leben in der Stadt immer noch viele gläubige Menschen. Obwohl auch hier die Zahl der Christen weiter zurückgeht – in den letzten zehn Jahren um circa 20 Prozent –, eilen doch eine ganze Reihe von ihnen zur Messe in eine der umliegenden Kirchen.

Mária Kegytárgyüzlet heißt einer der Läden, Myro-Kegitargy ein anderer, der seine Heiligtümer auch im Internet anbietet. Klein und vollgestellt sind die Verkaufsräume mit allem, was zum religiösen Leben dazugehört. Der eine bietet vor allen Dingen Bücher, CDs und DVDs. Im Schaufenster lächelt einem der Papst entgegen. Ein anderer ist mehr auf Rosenkränze spezialisiert. Zumeist ältere Leute kommen hierher.

Es lohnt sich auf jeden Fall, einen Blick in die verschiedenen Läden zu werfen. Solch eine breit gefächerte Auswahl religiöser Gegenstände gibt es nicht jeden Tag zu sehen. Ein Geschenk zur Kommunion, zur Konfirmation oder zur Hochzeit ist sicher dabei. Zum Beispiel ein türkises Armband mit kleinem Kreuz daran. Aber auch eine Glocke fürs Christkind oder Bilder von Heiligen und Statuen werden angeboten.

Gleich um die Ecke am Ausgang stößt man rechts auf die im Barockstil erbaute Franziskaner/Ferenciek-Kirche. Die Fresken im Innenraum stammen teils von Károly Lotz. Der Orden wurde während der kommunistischen Ära in Ungarn aufgelöst und die Kirche beinahe abgerissen, als die nahe Elisabethbrücke nach dem Zweiten Weltkrieg neu gebaut werden musste. Bei ihr handelt es sich übrigens um die einzige nicht wieder originalgetreu errichtete Brücke, da sie dem stark anwachsenden Autoverkehr gerecht werden musste.

**Adresse** Ferenciek tér 7–8 und 9, V. Bezirk, 1053 Budapest, Tel. +36/1/3173322 | **ÖPNV** Metro 3 bis Ferenciek tere oder Astoria; Bus 5, 7, 8, 15, 107, 110, 112, 133, 178, 233, 239 und 115 bis Ferenciek tere | **Tipp** In der barocken Szent-Mihály-Kirche in der Váci utca 47 werden regelmäßig Konzerte veranstaltet.

# 22 Der Eiffel-Palast
*Wie schön Eisen aussehen kann*

In zentraler Lage, nicht weit entfernt vom Westbahnhof, erstrahlt das Gebäude in der Bajcsy Zsilinszky út seit Anfang des Jahres 2014 in neuem Glanz. Es beherbergt eine ganze Reihe von Firmen und gilt zurzeit als eines der teuersten Bürogebäude der Stadt. Das Ergebnis der Renovierung kann sich sehen lassen. Zudem brüsten sich die Bauherren damit, erstmals ein Gebäude in Mittel- und Osteuropa nach so hohen umweltverträglichen Ansprüchen saniert zu haben, dass es mit gleich zwei Zertifikaten dafür ausgezeichnet wurde: dem LEED Gold für energie- und umweltgerechte Planung und dem BREEAM-Preis für Nachhaltigkeit.

Ursprünglich errichtet wurde der Eiffel-Palast Ende des 19. Jahrhunderts für eine Zeitschrift, den »Pesti Hírlap«. Für diesen schrieb eine lange Zeit eine ganze Reihe ungarischer Größen. Später trudelte er mit sehr wechselhafter Geschichte durch die Jahrzehnte und wurde schließlich eingestellt. Das Gebäude wurde früher an der Ecke zur Stollár Béla utca, in Blickrichtung zum Westbahnhof, von einem Turm gekrönt. Diesen flankierten rechts und links zwei weitere Türmchen, weshalb das Bauwerk auch den Spitznamen »Drei-Turm-Palast« erhielt. Ganz oben auf der Turmspitze befand sich über dem Firmenlogo ein Genius, der eine Gaslampe in seiner Hand hielt, die an Festtagen erleuchtet wurde. Eine hübsche Vorstellung!

Heute umläuft eine imposante Fensterfront das Mansardendach. Wie der Blick von dort oben wohl sein mag? Immerhin ist es möglich, den Innenhof des Eiffel Palace zu betreten. Dort beeindruckt die Eisenkonstruktion der Korridore, von denen aus die Büros betreten werden. Sie wurden seinerzeit vom Planungsbüro Gustave Eiffels entworfen. Dort, wo Horizontale und Vertikale aufeinandertreffen, sind dicke Kugeln und Räder als Schmuckelemente angebracht. Sie sollen an die ursprüngliche Nutzung des Gebäudes erinnern. Im Eingang steht eine kleine Druckmaschine.

**Adresse** Bajcsy Zsilinszky út 78, XVIII. Bezirk, 1185 Budapest | **ÖPNV** Metro 3 bis Nyugati pályaudvar | **Tipp** Machen Sie eine Pause auf dem Szent István tér vor der Basilika. Dort gibt es viele Bars und Cafés, auch in den benachbarten Straßen Sas utca und Hercegprimás utca.

# 23 Der Eisladen
*Kühle Erfrischung an warmen Tagen*

Werden die Tage länger und die Sonnenstrahlen wärmer, beginnt auch in Budapest die Speiseeis-Saison. Besonders während der ersten schöneren Tage ist zu beobachten, wie sich vor so manchem Laden eine Schlange bildet. Und ist das Eis besonders gut, dann ist auch die Nachfrage entsprechend. Das kann man zum Beispiel ganz in der Nähe der Sankt-Stephans-Basilika vor der Eisdiele namens Gelarto Rosa beobachten. Denn hier gibt es ein Eis der besonderen Art.

Mit einem kleinen Spachtel werden blitzschnell wunderschöne Rosen geformt. Es sieht eigentlich ganz einfach aus. Die Farbkombinationen entstehen dann automatisch, je nachdem, für welche Sorte man sich entschieden hat. Die Wahl fällt allerdings schwer, denn es gibt eine ganze Reihe von Geschmacksrichtungen, die sehr verlockend klingen. Da wären zu nennen: Holunder-Erdbeere, weiße Schokolade mit Lavendel, Olive oder Zitrone-Basilikum. Konservierungsstoffe oder künstliche Farbstoffe kommen selbstverständlich nicht ins Eis.

Mit ihrem Konzept folgt Niki Szökrön, die alle diese tollen Sorten kreiert, dem internationalen Trend. Sie hat das Eismachen von der Pike auf in Bologna an der Carpigiani-Gelato-Universität erlernt. Für die kalten Tage gibt es ebenfalls feine Sachen: die gerade so beliebten Macarons oder etwa hausgemachte Schokolade.

Ein weiterer Tipp für Eisliebhaber sind die niedlichen Läden von Fragola. Wie der Name schon andeutet, schmücken Erdbeeren das Firmenlogo. Auch bei Fragola gibt es Eis nach italienischem Vorbild, ausschließlich mit frischen Zutaten. Neben klassischen Sorten werden auch ausgefallenere wie Gorgonzola-, Camembert- oder Käsekucheneis angeboten. Nun muss eigentlich nur noch die Sonne scheinen. Aber das tut sie in der ungarischen Hauptstadt reichlich. Temperaturen über 30 Grad sind im Hochsommer keine Seltenheit, und die Eis-Saison ist lang.

**Adresse** Gelarto Rosa, Szent István tér 3 und Hercegprímás utca 9, V. Bezirk, 1051 Budapest, gelartorosa.com; Fragola, Nagymező utca 7, VI. Bezirk, 1065 Budapest oder Károly körút 3, VII. Bezirk, 1075 Budapest, fragolafagylaltozo.hu | **ÖPNV** Gelarto Rosa: Metro 2 oder Metro 3 bis Déak tér; Fragola in der Bajcsy Zsilinszky út: Metro 3 bis Westbahnhof, in der Nagymező utca: Metro 1 bis Oper oder Oktogon | **Öffnungszeiten** Gelarto Rosa täglich 10–21 Uhr, Fragola täglich 11–19 Uhr | **Tipp** Von der Kuppel der Sankt-Stephans-Basilika aus hat man einen tollen Blick über die Stadt (Szent István tér 1, V. Bezirk, 1051 Budapest).

# 24   Die Falk Miksa utca
*Jede Menge Antikes in nur einer Straße*

Die Straße beginnt am nördlichen Ende des großen Platzes, der das Parlament umgibt. Je weiter man sie dann in Richtung Ringstraße entlangläuft, desto größer wird die Dichte der Antiquitätenläden. Es werden viele verschiedene Stilrichtungen angeboten. Manche konzentrieren sich ganz auf Porzellan, einige auf Art déco. Da gibt es dann Wiener Sitzmaschinen, mondäne Glaslampen und Vasen mit dicken Böden. Schon einmal einen Zigarettenausdrücker aus Porzellan gesehen? Die ungarische Porzellanfirma Herend stellte so etwas früher mit vielen verschiedenen Motiven her.

Auch wenn es durch die dekorierten Schaufenster nicht immer gleich zu erkennen ist, haben einige der Geschäfte in ihren Untergeschossen riesige Ausstellungsflächen. Am Ende der Straße, dort, wo sie auf die Szent István körút trifft, liegt rechts die Galerie Kieselbach. Hier werden Ölgemälde oder Fotografien ungarischer Künstler ausgestellt. In der »Virág Judit Galeria« gibt es Malerei aus verschiedenen Epochen und viel Zsolnayer Porzellan. Außerdem gibt es Ausstellungen und Auktionen. Im Frühjahr und Herbst findet das »Falk Miksa Street-Festival« statt. Mit langen Öffnungszeiten, Imbissständen und Vorführungen ähnelt es einem Straßenfest.

Die Straße wurde nach einem Politiker und Journalisten benannt. Vielleicht gelangte Falk Miksa auch deshalb zu besonderer Berühmtheit, weil er Königin Elisabeth in ungarischer Sprache und Literatur unterrichtete. Auf jeden Fall soll es keine verwandtschaftliche Beziehung zwischen ihm und dem Herrn gegeben haben, dessen Skulptur am Ende der Straße vor einiger Zeit enthüllt wurde: Dort ist Peter Falk alias Columbo zu sehen. In vertrauter Pose kratzt er sich zerstreut am Kopf und blickt auf den Dackel zu seinen Füßen hinab. Warum er hier steht, ist niemandem so ganz klar. Denn außer demselben Nachnamen gibt es zwischen Journalist und Schauspieler keinerlei Verbindung.

**Adresse** Falk Miksa utca, XIII. Bezirk, 1055 Budapest (zum Festival siehe falkart.hu) | **ÖPNV** Straßenbahn 2 bis zur Szalay utca oder Metro 2 bis Kossuth Lajos tér und dann ein Stück zu Fuß | **Tipp** Das Cirko-Gejzir-Cinema, Balassi Bálint utca 15–17, ist ein nettes, kleines Programmkino, das hauptsächlich europäische Filme zeigt (cirkogejzir.hu), selbstverständlich mit Untertiteln.

# 25 Die Felsenhöhle
*Bewegte Vergangenheit*

Jahrzehntelang war diese kleine Höhlenkirche im Gellértberg versiegelt und nicht zu betreten. Schon das macht sie zu etwas Besonderem. Die Höhle gibt es schon lange, nur ihr hinterer Bereich wurde erst später aus dem Felsen gesprengt. Wegen der konstanten Raumtemperatur und des frischen Wassers aus einer Quelle diente sie immer wieder als Unterkunft. So auch während des Zweiten Weltkriegs, als sich dort Flüchtlinge aus Polen versteckten.

Am Ende der Kelenhegyi út, gegenüber vom Eingang des berühmten und prachtvollen Gellért-Heilbades, befindet sich ihr Eingang. Die Felsenkapelle ist der Grotte von Lourdes nachempfunden und dem heiligen Gellért gewidmet. Er soll 1046 in einem Fass vom Gellértberg gerollt worden sein, nachdem er vergeblich versucht hatte, die heidnischen Bewohner zum christlichen Glauben zu bekehren.

Die Idee für eine Felsenkapelle entstand, nachdem eine Gruppe von Ungarn den französischen Pilgerort Lourdes besucht hatte. Die Höhle wurde für den Paulinerorden umgestaltet. Dieser Orden war bereits seit dem 14. Jahrhundert in Ungarn aktiv, wurde jedoch unter Joseph II. aufgelöst, und erst 1934 kehrten einige Patres aus dem polnischen Exil zurück. Als die Kommunisten das Land regierten, wurde die Grotte einfach zugemauert. Seit 1989 ist sie wieder zugänglich und wird von den Paulinern verwaltet. Regelmäßig finden Gottesdienste statt.

Zwei bemerkenswerte Kunstwerke sind hier zu sehen: ein Gemälde von Maximilian Kolbe, dem polnischen Mönch, der für einen Mithäftling in Auschwitz in den Tod ging, und eine Nachbildung der Schwarzen Madonna von Tschenstochau. Sehenswert sind außerdem einige Andenken, die es am Eingang der Grotte zu kaufen gibt: ein winziger Heiliger in einer durchsichtigen Plastikhülle, die aussieht wie ein Anspitzer, oder ein klitzekleines Christkind in einer Walnussschale, Armbänder und Ketten, Weihnachtsbaumschmuck und andere Devotionalien.

**Adresse** Felsenkapelle Sziklakápolna Szent Gellért rakpart 1, XI. Bezirk, 1114 Budapest, Tel. +36/620/7752472, sziklatemplom.hu | **ÖPNV** Metro 4 bis Gellért tér | **Öffnungszeiten** Mo–Sa 9.30–19.30 Uhr | **Tipp** Es gibt noch andere Höhlen in Budapest zu besichtigen. So zum Beispiel die Burg-, Palvölgyi- oder Szemlöhegyi-Höhle (budapestinfo.hu/de/die-oeffentlich-zugaenglichen-hoehlen-in-budapest).

# 26 Das Flipper-Paradies
## *Die Welt der rasenden Kugeln*

Das Budapester Flipper-Museum unterscheidet sich zwar grundlegend von gewöhnlichen Museen und ist auch nicht so einfach als solches zu erkennen, doch es kann sich durchaus als solches rühmen. Eine Treppe führt hinab in eine andere Welt, die Welt des Spielens. Über 120 Automaten bringen dem Besucher seit 2014 die Entwicklung des Flipperns nahe. Während die älteren Modelle noch wenig Akustik oder Lichtspiele haben, klickern und plingen die neueren, sobald der Pinball das Startloch verlässt, vor sich her. In der »flippergaléria« zieren die Rolling Stones einen Flipper, der Zauberer von Oz, Supermänner, Super Mario oder hübsche Frauen, Pferde, Pokale oder knallige Farben. Die älteren Modelle sind etwas dezenter gestaltet. Zur Orientierung sind sie mit Jahreszahlen, Designern und Herstellern beschriftet. Das älteste Gerät stammt aus dem Jahr 1871, aber es gibt auch einige aus den 1930er und den 1950er Jahren und viele mehr. Mit den sogenannten Bagatellespielen ging es los. Die hatten noch keine Hebel und funktionierten ohne großes Zutun. Dann kamen die beiden Schalter hinzu, mit deren Hilfe die Kugel im Spiel gehalten werden soll.

Anders als in anderen Museen dürfen die Automaten fast alle ausprobiert werden. Dafür ist kein Kleingeld nötig, sondern ein Eintrittsgeld. Damit kann man den ganzen Tag – auch mit Unterbrechung, um sich in einem der nahen Cafés oder Lokale zu stärken – spielen. Und das sorgt bei einigen Besuchern für echte Euphorie. Fans des Budapester Flipper-Museums können sich auch ein T-Shirt zur Erinnerung mit nach Hause nehmen. Die gibt es in unterschiedlichen Farben und Designs gleich am Eingang.

Gründer des Museums ist Balázs Pálfi, der schon seit den 1970er Jahren so von Flipperautomaten fasziniert war, dass er den Traum hatte, einen Ort zu schaffen, an dem sie eine Heimat finden und seine Begeisterung geteilt wird. Das ist ihm gelungen!

**Adresse** Flippergaléria, Radnóti Miklós utca 18, VII. Bezirk, 1137 Budapest, Tel. +36/30/9006091, flippermuzeum.hu | **ÖPNV** Metro 4 oder 6 zum Jászai Mari tér, Szent István körút überqueren, die Hollán Ernö utca bis zur Radnóti Milos utca laufen, dann rechts, das Museum liegt auf der rechten Seite (kurz hinter Hegedús Gyula utca) | **Öffnungszeiten** Mi–Fr 16–24 Uhr, Sa 13–24 Uhr, So 11–22 Uhr | **Tipp** Wenige Straßen entfernt (Markó utca 9) liegt ein sehenswertes altes Elektrizitätswerk, das zu einem Bürogebäude umfunktioniert wurde. Vielleicht gelingt ein Blick hinein. Ansonsten weisen die äußeren Verzierungen auf die ehemalige Funktion hin.

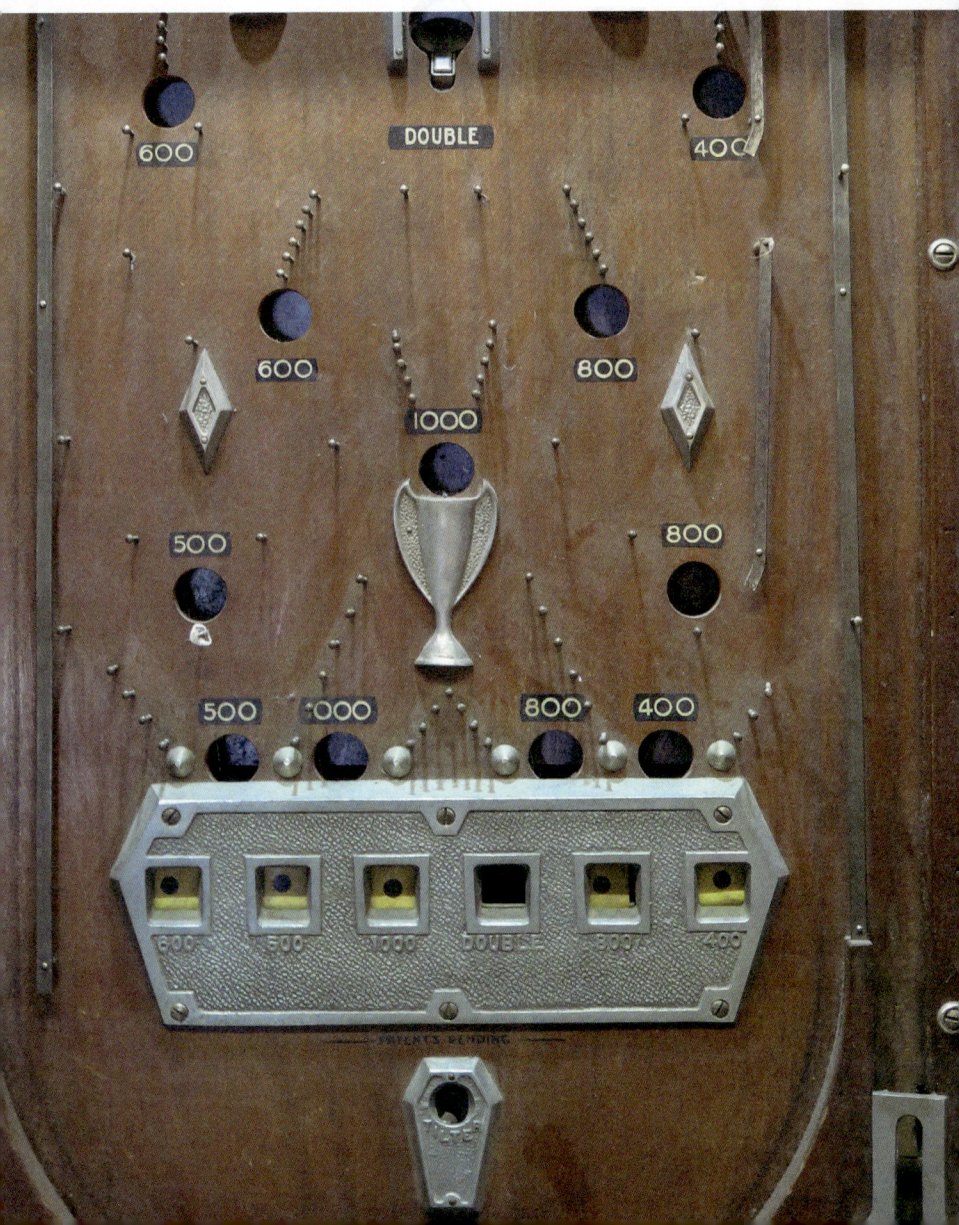

# 27 Die Frühstücksstraße
*Auch am Abend ein Genuss*

Entspannt in den Tag, ein wenig ab vom Trubel der Innenstadt – dafür ist die Tompa utca die passende Adresse. Hier gibt es keinen Durchgangsverkehr, denn die Straße wurde verkehrsberuhigt. Dafür sind zahlreiche Sitzmöglichkeiten vorhanden, grüne Inseln und eine Reihe von Cafés, in denen es gutes Frühstück und einen Platz in der Sonne gibt. Oder aber man kehrt am Abend in eins der netten Restaurants ein, die sich überwiegend auch auf die Gehsteige ausgeweitet haben. Immer mehr Lokale haben sich in den letzten Jahren angesiedelt, längst ist die Straße ein beliebter Treffpunkt bei den Einheimischen. Sie gilt als neue Ráday utca, eine Straße im Zentrum, die bekannt ist für ihre vielen Cafés und Restaurants.

Die Tompa utca aber ist beschaulicher. Im Manfréd Pékség gibt es das perfekte Frühstück (Sonntag ist leider geschlossen und Samstag nur von 8 bis 13 Uhr geöffnet). Denn dort wird frisch gebacken, und das hat sich herumgesprochen. Aber auch im Art Café, bei Lovely Bagels oder Makós Panka sitzt und genießt es sich drinnen und draußen hervorragend. Makós Panka (Makós steht hier für Mohnkuchen, -striezel oder -brötchen) hat neben Kuchen und Gebäck auch Pralinen im Angebot. Schokoladen- und Käsekuchen gehören genauso zu den Spezialitäten wie Pogatschen, Croissants oder frisches Brot. Am Abend ist Olees Pizza ein beliebter Treffpunkt. Aber auch Pho, Ramen, Sushi, Bagels oder mexikanische Küche locken die Menschen an. Bei Urban Plants ist eine gute Auswahl an Pflanzen und bei Cookbooks sind Kochbücher zu finden.

Wer aber einfach nur Vogelgezwitscher und das Treiben auf der Straße genießen möchte, lässt sich auf einem der vielen Stühle nieder oder spaziert weiter in den Közösséggi kert. Ein schöner Platz, der zuweilen auch eine Ausstellung bereithält. Zudem sind in den Seitenstraßen einige interessante Bauwerke mit besonderen Fassaden oder Figuren zu entdecken.

**Adresse** Tompa utca, IX. Bezirk, 1094 Budapest | **ÖPNV** Metro 3 zum Corvin-negyed und in Richtung Ferenc körut laufen, die zweite Straße links ist die Tompa utca | **Tipp** Die Ráday utca ist nicht weit entfernt und hat ähnliche Qualitäten: Cafés, Restaurants und kleine Kunstgalerien. Sie gilt als kulinarischer Geheimtipp, der sich allerdings bereits herumgesprochen hat.

# 28 Der Garten der Philosophen
*Friedvolle Ruhe mit Ausblick*

Es sind zwar nicht die bekanntesten Philosophen der Welt, die sich auf einem Platz oberhalb von Buda befinden, dafür aber die ganz Großen der Religionsgeschichte, die sich dort im Kreis formieren: Franz von Assisi, Mahatma Gandhi, Abraham, Echnaton, Jesus Christus, Buddha, Lao Tse und der buddhistische Mönch Bodhidharma. Auf einem Granitblock wurde die Inschrift und Intention des Künstlers angebracht: »Egymás jobb megértéséért« – Zum besseren Verständnis. Der ungarische Bildhauer Nándor Wagner schuf die Skulpturengruppe 1985 und schenkte sie seiner Heimatstadt Budapest. Da lebte er schon viele Jahre in Japan, und erst nach seinem Tod fand sie den Weg auf den Gellértberg. Seitdem heißt der Platz mit einem herrlichen Blick über die Stadt »Garten der Philosophen«.

Die Philosophen gruppieren sich um einen Kreis, in dessen Mitte sich eine Kugel befindet. Sie soll das Bindeglied zwischen ihnen bilden und steht für eine gemeinsame Gottheit der Religionen im Universum und für ein besseres gegenseitiges Verständnis. So zumindest soll der Gedanke des Künstlers gewesen sein, der 1997 starb und sein Werk in »peace and harmony but not to make money« entwarf.

Es ist aber nicht allein dieses Werk, das den Weg in den Park lohnenswert macht. Wie auf einem Plateau liegt die Anlage und ist ein wunderbar friedlicher Platz, um auszuruhen, den Tai-Chi- oder Yoga-Begeisterten auf der Rasenfläche zuzusehen, ein Buch zu lesen oder die Stadt von oben zu genießen. Zudem findet sich in Richtung Burg ein weiteres Kunstwerk. Es stellt ein Märchen dar, das von der Vereinigung von Buda und Pest erzählt: Prinz Buda trifft Prinzessin Pest, zwischen ihnen fließt die Donau, die Stadtteile sind noch getrennt, und der Fluss scheint unüberwindbar. Doch durch ihre Vereinigung entsteht Budapest. Die Stadt Óbuda wurde dabei zwar vergessen, trotzdem ist es eine hübsche Darstellung.

**Adresse** Orom utca 20, I. Bezirk, 1016 Budapest | **ÖPNV** Vom Március tér über die Elisabethbrücke oder mit den Straßenbahnlinien 19 und 41 bis Rudas Gyógyfürdo, dann zu Fuß an der Gellért Statur vorbei auf den Gellértberg | **Öffnungszeiten** jederzeit zugänglich | **Tipp** Das Burgviertel ist zwar kein Geheimtipp, doch wenn am Abend die Touristen verschwunden sind, ist es dort besonders schön. Und der Blick auf die gegenüberliegende Altstadt, die allmählich erleuchtet wird, ist umwerfend. (Zwischen Mitternacht und 1 Uhr wird das Licht ausgeschaltet.)

# 29  Der Gázlámpa Kiosk
*Budapests kleinstes Café*

Früher Morgen auf dem Fő tér, dem Hauptplatz in Budapests III. Bezirk. Links vom Zichy-Palast erhebt sich eine barocke Pestsäule aus dem Jahr 1740. Es scheint, als sei die Zeit stehengeblieben. Kopfsteinpflaster und historische Straßenlaternen erinnern an eine ungarische Kleinstadt, einen Ort der k. u. k.-Epoche. Nur wenige Fußgänger sind unterwegs, ein älterer Herr schließt sein Fahrrad vor dem Rathaus von Óbuda ab.

Das kleine Gebäude in der Mitte des Fő tér, gleich vor dem Rathaus, ist der Gázlámpa Kiosk, der an einigen Tagen der Woche ab mittags seine Türen öffnet. Das Industriedenkmal wurde 1929 errichtet und diente noch bis 1969 als Gasregler. Einige Jahre wurde es als öffentliche Toilette und auch als Eisdiele genutzt, dann gab es lange Zeit keine Verwendung mehr für das winzige Gebäude. 2015 wurde es schließlich renoviert. Der lediglich vier Quadratmeter große Kiosk verfügt über einen Keller, der als Lager für Bierfässer, Kühlschränke und Getränke dient. Die kleine Terrasse mauserte sich schnell zu einem beliebten Ziel. Man kann an kleinen Tischen guten Kaffee, Espresso, kühle Getränke oder Eis konsumieren. Als Zeugen der alten Zeiten gibt es auf dem Dach des Kiosks vier Gaslaternen, die noch immer mit Gas betrieben werden.

Die Skulptur eines freundlichen alten Herrn einige Meter weiter wirkt ebenfalls ein wenig aus der Zeit gefallen. Er sitzt an einem gedeckten Wirtshaustisch und scheint auf Gesellschaft zu warten, damit er bei einem Gläschen über den Wein und das Leben reden kann. Das Denkmal ist eine Hommage an das Alter Ego »Szindbad« des ungarischen Schriftstellers Gyula Krúdy. Einige bronzene Damen des ungarischen Bildhauers Imre Varga spazieren mit Regenschirmen, in Mäntel gehüllt, in unterschiedliche Richtungen laufend, ebenfalls über den Platz. Das ihm gewidmete Museum befindet sich wenige Schritte von hier. In der Adventszeit findet auf dem Fő tér ein kleiner Adventsmarkt statt.

**Adresse** Fő tér 2, III. Bezirk, 1033 Budapest | **ÖPNV** HEV H5 in Richtung Békásmegyer, am Szentlélek tér aussteigen und 5 Minuten zu Fuß weiter | **Öffnungszeiten** Mi, Do 14–21 Uhr, So 12–20 Uhr | **Tipp** Werfen Sie einen Blick in den etwas verschlafen wirkenden Hof des Zichy-Palastes. Der Kobuci kert ist während des Sommers ein beliebter Outdoor-Musik-Club mit vielen Konzerten unterschiedlicher Genres.

# 30\_\_Die Gedenktafel
## ... ein Lied geht um die Welt

Auf einem Spaziergang durch das einstige jüdische Viertel stößt man in der Dob utca 46b an einem schlichten Gebäude aus den 1940er Jahren auf eine Gedenktafel. Auf Ungarisch ist zu lesen, dass in diesem Haus einst der »weltberühmte Rezső Seress« lebte. Das Lied, das seinerzeit für dessen große Popularität sorgte, hieß »Trauriger Sonntag«. In Deutschlands Kinos lief 1999 der Film »Ein Lied von Liebe und Tod«, in dem die melancholische Melodie eine wichtige Rolle spielte. Viele kennen den englischen Titel des Stücks, der »Gloomy Sunday« lautet. Berühmte Stars wie Billie Holiday oder Paul Robeson sangen Versionen davon.

Rezső Seress erlangte mit seiner Komposition große Beliebtheit, aber reich wurde er nicht. Selbst jüdischer Abstammung, hatte er ein Arbeitslager in der Ukraine überlebt. Er hing an Ungarn und entschied sich, in Budapest zu bleiben. 16 Jahre lang trat der Pianist im »Kulacs« auf. Viele kehrten dort ein, um seine Lieder zu hören. Das Kulacs lag an der Ecke von Dohány und Ossvát utca. Heute steht es leer, aber die alten Schilder sind immer noch an der Hauswand angebracht. Dann saß Rezső Seress im »Kispipa« in der Akácfá utca am Klavier. Dort hing noch Jahre nach seinem Tod sein Porträt an der Wand. Leider kann man sich es heute nicht mehr ansehen, weil das alte Kispipa seit einigen Jahren geschlossen ist und ein neues Lokal eröffnete.

Angeblich sollen manche Radiosender das traurige Lied eine Zeit lang nicht gespielt haben. Man sagt, seine schwermütige Wirkung sei für eine Reihe von Selbstmorden mitverantwortlich. Deshalb erhielt es im Volksmund den Beinamen »ungarisches Selbstmordlied«. Auch wenn die Selbstmorde wohl anderen Gründen zuzuschreiben waren, setzte Rezső Seress seinem Leben im Alter von 78 Jahren ein Ende. Er überlebte zwar den Sprung aus dem Fenster seiner Wohnung, erhängte sich aber anschließend im Krankenhaus mit den Drahtseilen, die seinen eingegipsten Körper hielten.

**Adresse** Dob utca 46 b, VII. Bezirk, 1072 Budapest | **ÖPNV** Metro 1 bis Opera, von Andrássy út rechts in die Csányi utca, dann links in die Dob utca | **Tipp** Der Bildhauer Mihály Kolodko überrascht die Budapester seit einiger Zeit mit kleinen Skulpturen. In der Akácfá utca 38 ist eine davon an der Hauswand zu sehen, die den Pianisten Rezső Seress ehrt.

# 31 Das Geologische Institut
*Das blaueste Dach der Stadt*

An Ödön Lechner kommt in Budapest keiner vorbei. Der Architekt (1845–1914) hat Ende des 19. Jahrhunderts viele sehenswerte Bauten geschaffen und gilt als der Meister des ungarischen Jugendstils. Eines seiner Bauwerke und eines der schönsten Jugendstilgebäude der Stadt überhaupt ist das Geologische Institut. Es wurde 1899 errichtet. Seine Entstehung fiel in die Zeit, in der die Stadt Budapest architektonisch erblühte. Zwischen 1890 und 1914 entstanden viele neue Gebäude, denn die Stadt feierte ihr tausendjähriges Bestehen und war außerdem im Jahr 1896 Gastgeber der Weltausstellung.

Ödön Lechner legte großen Wert auf Keramikarbeiten, wie am Geologischen Institut nicht zu übersehen ist. Das Keramikdach mit seinen himmel- und meerblauen Zsolnay-Fliesen ist besonders eindrucksvoll und fällt sofort ins Auge. Auf der Spitze des höchsten Turmes haben sich drei Männer niedergelassen, um die Welt auf ihren Schultern zu tragen. Sie stützen einen riesigen Globus aus Metall.

Die Begeisterung für bunte Dächer und Keramik hängt bei Ödön Lechner vielleicht mit seiner Herkunft zusammen, denn sein Vater hatte eine Ziegelei. Und mit dem Ziegelfabrikanten Vilmos Zsolnay verband ihn eine enge Freundschaft. Gemeinsam sollen sie Pyrogranit erfunden haben, einen frost- und wärmebeständigen Kunststein, der wesentlich zum Erfolg der Zsolnay-Keramik für Gebäude beitrug. Nur so konnten die bunten Fliesen auch für Dächer verwendet werden. So setzte sich nicht nur Lechner mit dem Geologischen Institut ein Denkmal, sondern auch die in ganz Ungarn bekannte Firma Zsolnay aus Pécs. Mit ihren bunten Kacheln für die Dächer der Postsparkasse oder der Matthiaskirche schufen sie farblich neue Akzente. Für Ödön Lechner spielte außerdem die ungarische Volkskunst immer eine wichtige Rolle. Auch mehr als hundert Jahre nach seiner Eröffnung beeindruckt dieses Bauwerk aus der Nähe wie von fern.

**Adresse** Stefánia utca 14, XIV. Bezirk, 1143 Budapest, Tel. +36/1/2510999, mbfsz.gov.hu/en/exhibitions/geological-museum | **ÖPNV** Bus 7 oder Metro 2 bis Népstadion | **Öffnungszeiten** Das Gebäude kann beim Besuch des Geologischen Museums besichtigt werden, man muss sich aber mindestens eine Woche vorher anmelden unter palotas.klara@mfgi.hu | **Tipp** Porzellan von Zsolnay gibt es an der József nádor tér 12, Rákóczi út 4–6 (Brand Showroom) oder József körút 59–61. Es ist nicht so elegant wie das ebenfalls aus Ungarn stammende Herender Porzellan, aber häufig mit einer speziellen schimmernden Glasur überzogen.

# 32 Das Gerlóczy
*C'est la vie*

»Ein Stück Paris in Budapest« verspricht das Café Gerlóczy. Es liegt an einem kleinen, malerischen Platz in der Altstadt an der Gerlóczy utca. Einige Meter davor steht ein Denkmal für Károly Kamermayer, den ersten und langjährigen Bürgermeister der Stadt nach der Vereinigung von Pest und Buda. Ab dem Frühling sprießen Bäume, spenden Schatten und sorgen für eine angenehme Atmosphäre auf der großzügigen Terrasse.

Das Café hält sein Versprechen. Es hat ein ansprechendes Interieur, und die Kellner in weißen Oberhemden und schwarzer Krawatte servieren ein köstliches Frühstück stilvoll und formvollendet, ebenso wie viele andere Gerichte bis in den späten Abend hinein. Bekannt ist das Gerlóczy als Kaffeehaus und für seine internationale Bistro-Küche. Sie ist ungarisch inspiriert, wird aber modern umgesetzt. Das Paprikahuhn wird mit Frischkäseroulade und Gurkensalat serviert. Frisch gebackene Croissants, Pistazientarte oder Crème brûlée kommen direkt aus der Küche auf den Tisch.

Beachtenswert ist die Aufbewahrung des Bestecks in einem schönen Schubladenschrank neben der Bar. Aber auch andere Details machen das Café Gerlóczy zu etwas Besonderem. Das Ambiente ist gemütlich und vornehm zugleich. Es liegt ein wenig abseits der Haupteinkaufsstraßen und doch mitten im Zentrum. Im Sommer ist es gar nicht so leicht, einen der Bistrostühle auf der Terrasse zu ergattern, und dann ist auch nicht nur die ungarische Sprache zu hören. Trotzdem sind die großen Touristenströme der Stadt an diesem Lokal bisher vorbeigezogen.

Inzwischen kann man im Gerlóczy auch übernachten. Die Gästezimmer spiegeln mit dem dunklen Holz, ihren kräftigen Farben und Goldverzierungen ebenso wie das Café den Charme der Belle Époque wider. Eine kunstvoll geschmiedete Wendeltreppe führt über drei Etagen hinauf, das Gepäck wird den Gästen hochgetragen. Zimmer 1.3 und 2.3 haben einen kleinen Balkon.

**Adresse** Gerlóczy Café und Restaurant, Gerlóczy utca 1, V. Bezirk, 1052 Budapest, Tel. +36/1/5014000, gerloczy.hu | **ÖPNV** Metro 3 bis Ferenciek tere oder Metro 2 bis Astoria, dann jeweils circa fünf Minuten zu Fuß | **Öffnungszeiten** täglich 7.30–23 Uhr | **Tipp** Wer es weniger klassisch mag, trifft im Dobrumba auf ein trendiges Lokal mit vielseitig beeinflusster Küche von orientalisch bis mediterran (Dob utca 5, VII. Bezirk, 1074 Budapest).

# 33 Das Geschäft der 1.001 Bürsten

*Manche Borsten bürsten besser*

Ob Haar- oder Abwaschbürsten, Rasier- oder Malpinsel, Nagelbürsten, Schuhputzbürsten oder Gemüsebürsten – in diesem kleinen, aber feinen Handwerksgeschäft findet man Bürsten und Pinsel für wirklich jede Lebenslage. Wer darüber hinaus ein Faible für Geschäfte hat, in denen das Produkt noch ohne viel Schnickschnack im Mittelpunkt steht, der ist hier am richtigen Ort. Schon in den verglasten Schaukästen links und rechts der Eingangstür kann man sich einen ersten Eindruck über das Angebot verschaffen. Im Laden selbst liegen die Waren in Regalen gestapelt, sortiert in Schubläden oder baumeln an Haken herunter. Manches eignet sich durchaus als praktisches Mitbringsel. Beinahe alles besteht aus rein natürlichen »Zutaten«, nämlich Holz und Borsten. Da wären zum Beispiel Borsten aus Pferde-, Ziegen-, Eichhörnchen- und Ponyhaar sowie Wildschweinborsten. Letztere sollen die Haare beim Bürsten besonders schonend und pflegend bis in die Spitzen hinein verwöhnen.

Als alter Familienbetrieb gehört das kleine Geschäft einer Spezies an, die auch in Budapests Straßen langsam zu verschwinden droht. Seit 1995 befindet es sich in der Dob utca. 1923 wurde das Unternehmen vom Großvater der heutigen Inhaberin gegründet. Er hatte im Ersten Weltkrieg sein Augenlicht verloren und daraufhin den Beruf des Bürstenbinders erlernt, eine Tätigkeit, die lange Zeit häufig von Blinden ausgeübt wurde. In der Werkstatt von »Kefe 1001« werden neben Utensilien für den Haushaltsbedarf Industrie-, Walzen-, technische und Drahtbürsten hergestellt, bei denen es besonders auf die Strapazierfähigkeit ankommt. Auch besondere Wünsche werden entgegengenommen. So kommt es vor, dass Kunden die Haarlocken des eigenen Kindes als Andenken in einer dekorativen Bürste verarbeiten lassen möchten. Andere bringen ein geerbtes Stück zur Überholung. Bei Kefe 1001 ist so einiges möglich …

**Adresse** Dob utca 3, VII. Bezirk, 1074 Budapest | **ÖPNV** Metro 1, 2 oder 3 bis Deák Ferenc tér, dann über die Múzeum körút und links in die Dob utca | **Öffnungszeiten** Mo–Do 9–17 Uhr, Fr 9–16 Uhr, Sa, So geschlossen | **Tipp** In der Kazinczy utca 52 befindet sich »Judapest«. In diesem einzigartigen Geschäft werden jüdische Lifestyle-Produkte angeboten, alle entworfen von ungarischen Designern (judapest.store).

# 34 Das Glashaus
*Erinnerung an einen »Gerechten unter den Völkern«*

Die Schlichtheit des dreigeschossigen Hauses in der engen Straße fällt auf. Der Fabrikant Arthur Weiss ließ es während der 1930er Jahre als Geschäfts- und Wohngebäude errichten. Und weil er Besitzer einer Glasfabrik war, sollte auch am Haus möglichst viel Glas verarbeitet werden. Das bis heute erhaltene und in verschiedenen Farben gestaltete gläserne Treppenhaus kann leider nicht besichtigt werden.

Die Fassade ist schmucklos. Gedenktafeln, eine davon für den Schweizer Vizekonsul Carl Lutz, weisen darauf hin, dass sich hier während des Zweiten Weltkriegs ein besonderes Ereignis abspielte. Im sogenannten Glashaus nämlich war das bekannteste von insgesamt 72 Schutzhäusern untergebracht, in denen Juden Zuflucht finden konnten.

Nachdem die jüdische Familie Weiss enteignet worden war, befand sich hier außerdem seit Juli 1944 das von der Schweizer Regierung eingerichtete Auswanderungsbüro für Palästina. Damit genoss das Gebäude diplomatische Immunität. Carl Lutz hatte eine spezielle Vereinbarung mit der ungarischen Regierung und den Nationalsozialisten getroffen, der zufolge er 8.000 Schutzbriefe an ausreisewillige Juden ausgeben konnte. Mit Absicht interpretierte er diese Abmachung falsch und wandte sie auf 8.000 Familien an. So bewahrte er viele Tausende vor der Deportation. Für sein eigenmächtiges Verhalten wurde er kurz nach dem Krieg zu Hause nicht nur gelobt. In Israel aber wurde er 1964 von Yad Vashem zum »Gerechten unter den Völkern« ernannt.

Im Glashaus ist heute ein kleines Gedenkzimmer für Carl Lutz eingerichtet. Dort erläutern Dokumente die Situation von damals und die unglaubliche Rettung von nahezu 62.000 Menschenleben. Es gibt auch eine Reihe von deutschen Textblättern. Im Glashaus ist man rührend bemüht, den Besuchern die Geschichte eines vielen sicherlich unbekannten Helden näherzubringen.«

**Adresse** Vadász utca 29, V. Bezirk, 1054 Budapest, Tel. +36/1/2422964 | **ÖPNV** Metro 3 bis Arany János utca, von der Bank utca aus erreicht man die Vadász utca | **Öffnungszeiten** täglich 13–16 Uhr, Eintritt frei | **Tipp** Nicht weit vom Glashaus entfernt, am Szabadság tér, steht die amerikanische Botschaft. Dort findet man eine Skulptur, die an Carl Lutz erinnert. Ein weiteres Denkmal für ihn wurde bereits 1991 in der Dob utca errichtet.

# 35 Das Grab der Revolutionäre

*Nationales Gedächtnis im Wandel der Zeit*

Der Aufstand im Jahr 1956 war für viele Ungarn ein traumatisches Erlebnis. Tausende flohen anschließend ins westliche Ausland, und einige kehrten erst nach dem Ende der kommunistischen Herrschaft wieder zurück. Berühmte Anführer des Aufstandes wie Imre Nagy oder Pál Maléter wurden damals hingerichtet und in Massengräbern verscharrt; mit dem Gesicht nach unten, wie es heißt, zu ihrer besonderen Schmach. Ihre Angehörigen wussten nicht, wo sie ihrer gedenken konnten. Jahrzehntelang lagen die Revolutionäre in der entlegensten Ecke des Friedhofs auf den Parzellen 300 und 301, begraben unter Unkraut und Gestrüpp. Auf einem Spaziergang die meist einsamen Wege entlang bis hierher ist diese Abgeschiedenheit auch heute noch zu spüren. Mehr als 30 Jahre später, am 16. Juni 1989, dem Jahrestag der Hinrichtung von Imre Nagy und Pál Maléter, wurden die Toten der beiden Parzellen neu bestattet. Zum Begräbnis kamen unzählige Menschen, und der 16. Juni wurde zum nationalen Trauertag erklärt.

Der Neue Allgemeine Friedhof (Új köztemető) ist mit einer Gesamtfläche von etwas mehr als zwei Hektar der größte der ungarischen Hauptstadt und befindet sich ein ganzes Stück außerhalb des Zentrums. Bescheidene Marmorplatten liegen nun dort, wo die ehemaligen Helden der Revolution nach so langer Zeit ihre letzte Ruhe fanden. Weiterer Opfer des Stalinismus wird mit verzierten Holzstelen auf der Parzelle 298 gedacht. Auf der Parzelle 300 schuf der Bildhauer György Jovánovics ein Denkmal, in dessen Mitte sich eine Säule befindet, die genau 1.956 Millimeter hoch ist. Alle Parzellen zusammen bilden eine nationale Gedenkstätte.

Auf einem der Wege zur Parzelle 300 stößt man auf das »Transsilvanische Tor«. Es wurde vom Verband der Aufständischen von 1956 errichtet und trägt die etwas merkwürdige Inschrift: »Nur eine ungarische Seele soll dieses Tor durchschreiten.«

**Adresse** Neuer Allgemeiner Friedhof, Kozma utca 8–10, X. Bezirk, 1108 Budapest, Kőbánya, Parzellen 300 und 301 sind vom Haupteingang aus auf einem 20-minütigen Spaziergang zu erreichen | **ÖPNV** Metro 2 bis Kőbanya-Kispest, von da mit Bus 202 E bis Uj köztemetö | **Öffnungszeiten** täglich 7.30–17 Uhr | **Tipp** Im X. Bezirk befindet sich ein Gebäude mit bunt verziertem Dach, die Szent László Kirche am Szent László tér 3 von Ödön Lechner. Vor der Kirche steht ein Denkmal des berühmten Architekten.

# 36 Das Gül-Baba-Mausoleum

*Der Vater der Rosen*

Eine beliebte Wohngegend in Budapest, romantische Kopfsteinpflastergassen, hügelige Straßen mit Villen und mittendrin das Mausoleum von Gül Baba, einem türkischen Derwisch, der einst hier lebte, wirkte und starb. Gül Baba bedeutet »Vater der Rosen«. Er trug der Legende nach immer eine Rose zur Zierde an seinem Turban und führte im 16. Jahrhundert die Rosenzucht in Ungarn ein. Außerdem schrieb er unter einem Pseudonym Gedichte. Noch viel wichtiger aber war sein Auftrag, die damalige Stadt Buda zu missionieren. Lediglich 15 Jahre blieben ihm für diese Aufgabe, denn kurz nach der endgültigen Eroberung der Stadt durch die Türken starb er ganz plötzlich. Die Todesursache konnte nicht geklärt werden. Der damalige osmanische Sultan Süleyman der Prächtige erhob den »Vater der Rosen« zum Schutzheiligen und ließ ihm zu Ehren das Mausoleum errichten. Buda blieb 145 Jahre unter osmanischer Herrschaft. Ein Bauwerk aus dieser Zeit ist das Király-Bad, das sich circa 500 Meter entfernt in der Fő utca 84 befindet und nach wie vor in Betrieb ist.

Gül Baba hat bis heute Bedeutung. Seine letzte Ruhestätte, ein achteckiges Gebäude mit einem Halbmond auf der Kuppel, gehört zu den heiligen Stätten des Islam in Europa. So kommt es auch, dass die Anlage von der türkischen Regierung gehegt und gepflegt wird und weiterhin als Pilgerort dient. Bis zum Zweiten Weltkrieg wurde das Mausoleum viel besucht, heute lebt die Tradition verhalten wieder auf. Ein Säulengang, bunte Wandfliesen, eine Mondsichel, ein Brunnen, weite Ausblicke über die Stadt und Gül Baba als Statue sind zu sehen.

Hübsch und ein wenig ländlich ist die steil ansteigende Kopfsteingasse Gül Baba utca, die zur Grabstätte hinaufführt. Rechts und links liegen kleine, zum Teil nur eingeschossige Häuser. Oben links am Türbe tér befindet sich das frei zugängliche Grabmal (Gül Baba türbe).

**Adresse** Gül Baba türbe, Türbe tér (über Mescet utca), II. Bezirk, 1023 Budapest | **ÖPNV** Straßenbahn 4, 6 oder Bus 91, 191, 931 bis Margit hid budai hidfő | **Öffnungszeiten** täglich 10–18 Uhr | **Tipp** Zwei beliebte Bäder sind das türkische »Veli bej Spa« und das »Dandár fürdő«. Letzteres wird überwiegend von einheimischen Gästen besucht.

# 37 Hajógyári Sziget
## *Von der Werftinsel zur Friedensinsel*

Außerhalb der Saison ist es kaum vorstellbar, dass auf diese alte Werftinsel alljährlich im Sommer Tausende von Musikbegeisterten pilgern. Die restliche Zeit des Jahres verharrt die Insel in einer Art Dornröschenschlaf, und es verirrt sich kaum jemand her. Es sei denn, Mitarbeiter der inzwischen ansässigen Firmen oder einige Golfer, die ihre Bälle auf der Driving Range abschlagen. Im satten Grün erstreckt sich die Insel parallel zum alten Kern von Óbuda. Sie ist die größte Donau-Insel, und hier stehen noch einige alte Werftgebäude, Lagerhallen und Fabriken. Doch längst wurden sie ihrer ursprünglichen Funktionen enthoben, und es hat sich eine Reihe neuer Unternehmen niedergelassen.

Wo früher Schiffe gebaut wurden und Werftarbeiter hart schufteten, herrscht heute tagsüber große Stille, am Wochenende aber wird mit enormen Bässen Party gemacht. Im Sommer verwandelt sich die Insel in ein einziges Happening: Beim alljährlich im August stattfindenden »Sziget Festival« treten Showgrößen wie Robbie Williams, David Guetta oder Cro auf. Es gehört zu den größten multikulturellen Veranstaltungen in Europa. Rund 400.000 Musikfans aus Dutzenden Ländern reisen an und feiern Party ohne Unterlass, sehen Zirkus, Theater und Ausstellungen an. Sonst werden die alten Werfthallen als Clubs, Bars und Discos genutzt und ziehen viele junge Leute aus der Stadt an.

Sicher hätte Graf István Széchenyi sich das niemals träumen lassen. Er gründete hier im 19. Jahrhundert die »Óbuda-Schiffswerft- und Maschinenfabrik« und die »Erste Donaudampfschifffahrtsgesellschaft«. Das Werftgelände erstreckte sich damals über einen Großteil der Insel, der Rest wurde weiterhin landwirtschaftlich genutzt. Lange konnte die Insel nur mit der Fähre erreicht werden, erst 1858 wurde eine feste Brücke gebaut. 1927 ließ man das letzte Schiff zu Wasser: den größten Raddampfschlepper der Donau namens »Österreich«.

**Adresse** Hajógyári Sziget, III. Bezirk, 1033 Budapest; Infos zum Festival: info@sziget.hu oder szigetfestival.com | **ÖPNV** Straßenbahn H5 oder Bus 134 bis Szentélek tér und dann über den Bahnübergang Richtung Donau, circa 100 Meter entfernt liegt die Brücke zum alten Werftgelände | **Tipp** Lassen Sie sich mit dem Wassertaxi auf die Insel bringen. Ein kleiner, aber toller Luxustrip (Anbieter zum Beispiel: dunarama.hu).

# 38 Das Hajós-Alfréd-Bad
*Schwimmen auf den Bahnen ungarischer Champions*

Wer nur im Wasser planschen möchte, der besucht ganz einfach ein anderes Bad. Die Auswahl ist schließlich riesig. Aber wer wirklich sportlich seine Bahnen ziehen möchte – und das wollen in Budapest so einige –, der geht in das Hajós-Alfréd-Sportschwimmbad. Ungarn ist eine Schwimmernation, und bei Wassersportwettkämpfen wurde von ungarischen Sportlern in verschiedenen Disziplinen schon eine große Anzahl von Preisen und Trophäen eingeheimst.

Das Bad ist nach dem ungarischen Architekten und zweifachen Olympia-Goldmedaillengewinner Alfréd Hajós benannt. Die Medaillen gewann er 1896 in Athen über 100 und 200 Meter Freistil. Außerdem war er ungarischer Leichtathletikmeister, und Fußball in der Nationalmannschaft spielte er ebenfalls. Für den Entwurf des Sportbades erhielt er eine Auszeichnung. Im Jahr 1930 wurde das Schwimmbad gebaut. Eine Gedenktafel vorn am Eingang erinnert an den großen Sportler und Architekten.

Im Hajós-Alfréd-Bad wurde im Sommer 2006 ein Teil der Wettkämpfe der Europameisterschaften im Schwimmen ausgetragen. Genau 80 Jahre nachdem Ungarn 1926 der erste Austragungsort dieses sportlichen Großereignisses gewesen war. Für die Europameisterschaften 2006 entstand ein neues 50-Meter-Becken mit zehn Bahnen. Der gesamte Komplex gilt somit als einer der modernsten weltweit. Insgesamt gibt es vier Becken, zwei davon im Freien. Große Tribünen befinden sich um die Becken herum.

Wie in vielen Sportbädern sind am Morgen immer einige Bahnen für Schwimmunterricht oder eben für richtiges sportliches Training abgetrennt. Die Umkleidekabinen und sanitären Anlagen sind nach wie vor ein bisschen einfach. Und die Damen, die den Besuchern die Schlüssel für die Spinde aushändigen, in denen man seine Sachen unterbringen kann, sind meist nicht gerade zimperlich. Aber vielleicht muss man etwas öfter seine Bahnen ziehen, um ihnen ein Lächeln abzuringen.

**Adresse** Margareteninsel (Margitsziget), VIII. Bezirk, 1138 Budapest, Tel. +36/1/4504200 | **ÖPNV** Straßenbahn 4 oder 6 bis Margareteninsel, auf der Insel liegt das Bad linker Hand, oder Bus 26 bis zur zweiten Haltestelle auf der Insel, Hajós Alfréd uszoda | **Öffnungszeiten** täglich 6–18 Uhr | **Tipp** Im Palatinus Bad, das auch auf der Insel liegt, tobt im Sommer das Badeleben. Besonders beliebt ist das Wellenbad, das sich ab 10.40 Uhr stündlich in Bewegung setzt.

# 39 __ Das Haus der Musik
*Eindrucksvolle Prestigebauten fürs Image*

Die Neugestaltung des Stadtwalds hat für reichlich Wirbel gesorgt. Budapests liberaler Bürgermeister war vehement dagegen, manch einer meinte, das Geld wäre besser in das Gesundheitswesen oder die Bildung investiert worden als in Prestigebauten, mit denen sich die Regierung Viktor Orbáns schmücken kann. Auch aus lokalen Umweltverbänden kam Widerstand gegen die Versiegelung weiterer Grünflächen.

Gebaut wurde dennoch. Und das Haus der Musik, errichtet nach Plänen des japanischen Architekten Sou Fujimoto, ist äußerst sehenswert. Fujimoto war bestrebt, Bauwerk und Grünanlage in Verbindung zu setzen. Der Besucher tritt unter ein wellenförmiges Dach, das über und über mit goldgelben Blättern ausgekleidet ist. Unregelmäßig durchbrochen wird es von 100 kraterförmigen Löchern, in deren Mitte sich Bäume dem Himmel entgegenstrecken. Glasfassaden, die aus wärmeisolierten Paneelen bestehen, sorgen außerdem dafür, dass Innen- und Außenbereich miteinander kommunizieren.

Auf 9.000 Quadratmetern verteilen sich Konzerthalle, Ausstellungsraum, Museumsshop und eine Open-Air-Bühne. Im oberen Stockwerk befinden sich eine Bibliothek und Büroräume, eine spiralförmige Treppe führt hinauf. Im unterirdischen Bereich stellt der sogenannte Sound Dome eine Besonderheit dar. Inspiriert durch eine Klangkuppel, die Karlheinz Stockhausen 1970 für die Weltausstellung in Osaka schuf, kann der Besucher in ein 3D-Klangerlebnis eintauchen.

Das Liget-Projekt umfasst den Neubau von fünf Museen. Ob alle realisiert werden, ist weiterhin unklar. Das Ethnografische Museum in Form einer Halfpipe, dessen Fassade einer ungarischen Häkelspitze ähnelt, steht ebenfalls längst. Das begrünte Dach wurde schnell zum Anziehungspunkt. Morgens nutzen ambitionierte Jogger die Treppen, abends sitzt man weit oben und wartet auf den Sonnenuntergang. Und Viktor Orbán denkt vielleicht: »Ich hab's euch wieder mal gezeigt!«

**Adresse** Olof Palme sétány 3, XIV. Bezirk, 1146 Budapest | **ÖPNV** Metro 1 bis Hösök tere, dann über den Olof Palme sétány circa 500 Meter zu Fuß | **Öffnungszeiten** Fr 10–20 Uhr, Sa 10–19 Uhr; So 10–18 Uhr, Mo, Di 10–19 Uhr | **Tipp** Wer Budapest gern von oben sehen möchte, kann dies bei »Balloon Fly« auf dem Mimosenhügel, ebenfalls im Stadtpark. Der Ballon steigt bis auf 150 Meter und bietet einen tollen Blick über die Stadt (balloonfly.hu).

# 40 Das Hilda
*Food and mood*

Manche Großmütter heißen Hilda. Beim gleichnamigen Restaurant in der Leopoldstadt soll der Name jedoch eine Referenz an den Architekten József Hild sein. Er hat das historische Gebäude, in dem das gar nicht großmütterliche Hilda seine Türen 2017 eröffnete, entworfen. Der Pester Stadtbaumeister schuf nach der Flut von 1838 an die 200 Villen, Geschäftshäuser und Stadtpalais im klassizistischen Stil. Und eben das Gebäude in der Nádor utca 5, in dem sich nun diese schöne Rotisserie befindet.

Im Mittelpunkt steht gegrilltes Huhn, ehemals freilaufend, versteht sich. Was im Hilda auf den Tisch kommt, entdecken Sie gleich beim Betreten des Lokals, ohne einen Blick in die Karte geworfen zu haben. Eine Wand ist mit einem wunderschönen Mosaik bedeckt, das eigens für diesen Ort entworfen und aus Zsolnayer Porzellan hergestellt wurde. Die junge Frau, die das Grillhuhn serviert, schaut verschämt und mit gefärbten Wangen zu Boden. Der Stil der gesamten Einrichtung ist elegant, auch die leicht unregelmäßigen dunkelblauen Kacheln an der Bar unterstreichen den Art-déco-Stil, der den Raum beherrscht. Blau- und Grüntöne werden kombiniert mit Holz, goldenen Lampen und anderen feinen Einrichtungsgegenständen. Alles vermittelt dem Gast elegante Behaglichkeit.

Achten Sie auf die liebevollen Details. Das Logo »H« hat eine weibliche Kurve im Querstrich und taucht auf Servietten, Visitenkarten oder am Fenster auf. Dort ist es dann mit einem goldenen Huhn zu finden. Außer gegrilltem Huhn aus dem Rotisserie-Ofen stehen auch Ente, Fisch oder Fleisch vom ungarischen Mangalica-Schwein auf der Karte, dazu viele Frühstücksangebote. Die Bedienung im Hilda ist aufmerksam, und man kann in die offene Küche schauen. Beim Verlassen des Gebäudes sollten Sie einen Blick auf den Tiger aus Kalkstein über dem Haupteingang werfen, denn er bewacht das Gebäude bereits seit 1840.

**Adresse** Nádor utca 5, V. Bezirk, 1051 Budapest, Tel. +36/30/4309810 | **ÖPNV** Metro 1 bis Vörösmarty tér, das Café Gerbeaud auf der rechten Seite liegen lassen und der Straße folgen | **Öffnungszeiten** Mo – Fr 18 – 23 Uhr, Sa, So 12 – 23 Uhr | **Tipp** József Hild hat in Budapest unzählige Bauten hinterlassen. Auch einige Schulen tragen seinen Namen – die József-Grundschule in der Nádor utca 12 hat er selbst entworfen. Oder beispielsweise die lutherische Kirche am Deák Ferenc tér.

# 41 Der Hunyadi tér
## *Ein Platz für seine Anwohner*

Natürlich ist er nicht so prächtig wie sein großer Nachbar, die Andrássy út. Aber der Hunyadi tér ist ein sehr schönes Beispiel dafür, wie man sich als Anwohner einen Platz nur wünschen kann. Ein Ort, an dem man mit dem Hund eine Runde dreht, sich bei gutem Wetter in die Sonne setzt und am Wochenende die Möglichkeit hat, frisches Gemüse auf dem Markt zu kaufen. Denn der wird hier mehrmals in der Woche abgehalten. Da stehen dann unter den gestreiften Markisen die Bauern aus dem Umland. Mit wettergegerbten Gesichtern, die Frauen häufig mit Kopftüchern. Angeboten werden Gemüse, Früchte und Blumen. Schon einmal frische Kirschpaprika probiert? Ein Spaziergang entlang der Stände ist ein farbenfrohes Erlebnis.

Der gesamte Platz wurde im Jahr 2014 generalüberholt, Wege wurden gepflastert, neue Holzbänke aufgestellt und ein Springbrunnen angelegt. Sogar einen Konzertpavillon gibt es nun. An der Ecke zur Csengery und Szófia utca wurde ein kleines Häuschen eingerichtet, das als Literaturtreffpunkt dienen soll. Früher befand sich an dieser Stelle ein Toilettenhäuschen – das ist insgesamt doch eine sehr feine Entwicklung. Ein Denkmal, das an den Aufstand 1956 erinnert, fehlt selbstverständlich auch nicht. Umgeben ist der Hunyadi tér von schönen Mietshäusern. Und in der Csengery utca, seiner Begrenzung in Richtung Zentrum, liegt eine der alten Markthallen. Sie ist nicht ganz so groß und hat daher beinahe familiären Charakter. Die Hunyaden, wie man eingedeutscht sagen würde, waren übrigens ein wichtiges Adelsgeschlecht, dem auch der in Ungarn sehr verehrte Matthias Corvinus entstammte.

Im Souterrain der Hausnummer 11 befindet sich außerdem eines der ersten veganen Restaurants der Stadt, das Kozmosz. Auch einige Cafés befinden sich in direkter Nachbarschaft zum Platz. In der Cube Coffee Bar werden guter Cappuccino und verschiedene Backwaren angeboten.

**Adresse** Hunyadi tér, VI. Bezirk, 1067 Budapest | **ÖPNV** Metro 1 bis Vörösmarty utca, dort in gleichnamige Straße nach rechts abbiegen | **Öffnungszeiten** Markt auf dem Platz: Di, Fr, Sa bis 14 Uhr | **Tipp** Neu ist in der Csengery utca 36 das Up Hotel. Einen schönen Blick auf den grünen Platz bieten die Superior-Doppelzimmer in den oberen Etagen.

# 42 Das Imre-Varga-Museum
*Besuch bei einem berühmten Bildhauer*

Seine Skulpturen stehen in London, Brüssel und eine ganze Reihe natürlich in Budapest selbst. Das Holocaust-Denkmal hinter der großen Synagoge an der Dohány utca kennen vermutlich die meisten Besucher der Stadt. In das kleine, nur dem Künstler gewidmete Museum in Óbuda hingegen verirren sich nicht so viele. Dabei ist es einen Besuch sehr wohl wert. Oft war es gar nicht so unwahrscheinlich, Herrn Varga persönlich anzutreffen. Gern saß er in einem Sessel nahe der Tür, die in den Garten hinausführt. Und meist war er zu einem persönlichen Gespräch bereit. Er sprach sehr gut Deutsch, und das mit einem schönen ungarischen Akzent. 2019 starb er hochbetagt in seiner Heimatstadt.

Das Museum wurde 1983 eingerichtet, und darin finden sich viele Modelle für größere Werke, Büsten und Denkmäler. Im schönen Garten stehen Skulpturen von weiteren berühmten ungarischen Künstlern und Dichtern, wie dem Maler Béla Czóbel oder dem Schriftsteller Miklós Radnóti. Letzterer kam 1944 auf einem Gefangenenmarsch ums Leben. Schmale, ernste Gesichter, die Konzentration und »Für-sich-sein« ausstrahlen.

Das Werk von Imre Varga ist gewaltig. Er hat für die Kommunisten genauso gearbeitet wie für die Kirche. Er schuf Skulpturen von Konrad Adenauer über Winston Churchill bis hin zu Béla Bartók oder Franz Liszt, aber auch von Lenin. Eines seiner Werke wurde nach 1989 aus dem Budapester Stadtbild entfernt und in den Statuenpark außerhalb der Stadt verfrachtet, wo sich viele der monumentalen Werke der kommunistischen Epoche befinden.

Ein bekanntes Werk ist die Gruppe von Frauen mit Regenschirmen, die ganz in der Nähe des Museums in Óbuda steht. Was malerisch erscheint, soll jedoch von den Geschichten von Gyula Krúdy, der hier im Viertel lebte und über traurige Frauenschicksale schrieb, inspiriert sein. So stehen die Frauen auch nicht wirklich zusammen, jede blickt in eine andere Richtung und ist für sich ihrem Schicksal ausgeliefert.

**Adresse** Laktanya utca 7, III. Bezirk, 1033 Budapest | **ÖPNV** Metro 2 bis Batthyány tér, mit der HÉV (eine Vorortbahn, die auch nach Szentendre fährt) bis Árpád híd | **Öffnungszeiten** Di–So 10–18 Uhr | **Tipp** Anschließend kann man bis Szentendre weiterfahren und einen Spaziergang durch den hübschen Ort unternehmen.

# 43 Das Innenhof-Juwel
## *Buntes Leben im Verborgenen*

Die großen Budapester Mietshäuser, die um 1900 entstanden, sind häufig nach einem bestimmten Muster gebaut. Durch den großen Vordereingang gelangt man in den Hausflur, von dem aus es in das Treppenhaus oder, falls vorhanden, zum Lift geht. Der Zugang zu den Wohnungen erfolgt dann, und das ist die Besonderheit, über eine Galerie, die den ganzen Innenhof umgibt. In Wien werden solche Galerien als »Pawlatschen« bezeichnet. Wie prächtig sie ausgestattet wurden, hing natürlich davon ab, für welche soziale Schicht die Häuser gebaut wurden.

So entstanden zum Teil sehr schöne Höfe. Hier spielte sich das nachbarschaftliche Leben ab, wurden einmal in der Woche die Teppiche über Stangen ausgeklopft und wurde getratscht. Am Ende mancher Gänge stellen sich heute einige Bewohner Tisch und Stühle heraus und haben so einen kleinen Balkon. Oder es werden Topfpflanzen gezogen und an die Balustraden gehängt. Leider sind diese Höfe nicht immer zugänglich, häufig gelangt man nur per Tür-Code ins Innere der Gebäude. Aber dort, wo es Geschäfte im Hof gibt, kann man zumindest tagsüber hinein. In der Kossuth Lajos utca 14 zum Beispiel hat vor kurzer Zeit ein Concept Store eröffnet, wodurch es möglich ist, einfach hineinzuspazieren. Und dieser Innenhof ist ein Juwel. Prächtige Arkadengänge umgeben ihn über drei Stockwerke und sorgen für ein bühnenbildreifes Ambiente.

In der Fehér Hajó utca 12–14 ist ebenfalls ein Hof zu besichtigen – nicht so pompös, aber sehenswert. Des Weiteren steht die Erzsébet körút Nummer 23 offen, und in der Múzeum körút 7 gelangt man durch eine Buchhandlung in den Hof. Ein bisschen heruntergekommen, aber zugleich sehr schön. Bleibt noch die Rákóczi út 23 zu erwähnen. Ein einfacher Hof, im sonnigen Gelbton der k. u. k. Architektur gestrichen. Ganz sicher entdeckt man auf einem Spaziergang noch weitere Möglichkeiten, in den einen oder anderen Hof zu schauen.

**Adresse** Kossuth Lajos utca 14, V. Bezirk, 1053 Budapest; Fehér Hajó utca 12–14, V. Bezirk, 1052 Budapest; Erzsébet körút 23, VII. Bezirk, 1073 Budapest | **ÖPNV** Kossuth Lajos utca, Múzeum körút und Rákóczi út: Metro 2 bis Astoria; Fehér Hajó utca: Metro 2 und Metro 3 bis Déak tér; Erzsébet körút: Straßenbahn 4 und 6 bis Wesselényi utca | **Tipp** Trinken Sie einen Kaffee im altehrwürdigen Restaurant des Hotels Astoria, das mit seinen Kronleuchtern und roten Samtvorhängen für festliches Ambiente sorgt.

# 44 Der József Nádor tér
*Ungarisches Porzellan bittet um Aufmerksamkeit*

Nur wenige Meter vom zentralen Vörösmarty tér entfernt, der in die belebte Váci utca mündet, döste er lange Zeit im Dornröschenschlaf. Anfang 2018 wurde der Platz generalüberholt, und mit der Ruhe könnte es vorbei sein. Einige Kontroversen begleiteten die Neugestaltung. Hohe Bäume mussten gefällt werden und die 54 kleinen, zarten Pflanzen, die sie inzwischen ersetzen, werden noch eine ganze Weile brauchen, bis sie wirksam Schatten spenden. Das gefiel vielen Budapestern nicht.

Das Zentrum des Platzes bildet nach wie vor die Statue, die dem Platz den Namen gibt. Der österreichische Erzherzog Joseph war 50 Jahre ein geschätzter Statthalter Ungarns. Viel mehr ins Auge fallen aber die beiden Brunnen, die zur Bereicherung der Anlage hinzugekommen sind. Hergestellt wurden sie von Ungarns berühmten Porzellanmanufakturen Herend und Zsolnay. Vor allem der sogenannte »Tree of Life« zieht die Blicke auf sich. Feines, durchscheinendes Porzellan, das von innen illuminiert ist, schimmert schon von Weitem. Ein wenig erinnert die Skulptur an eine überdimensionierte Jugendstilleuchte. Sie ist geschmückt mit zarten Blumenranken und bunten Vögeln. Sie sind angelehnt an ein berühmtes Herend-Muster, das 1860 für die Familie Rothschild entworfen wurde. Auf der südlichen Seite des Platzes darf Zsolnay sein Können zur Schau stellen. Dort steht eine Herkules-Fontäne, wie es sie bereits in Pécs oder dem rumänischen Herkulesbad gibt. In vier Meter Höhe steht eine kleine Figur, die so gar nicht nach Herkulestaten ausschaut. Beide Porzellanhersteller haben direkt am Platz große Geschäfte. Deshalb geriet auch das direkte Marketing an einem öffentlichen Ort in die Kritik.

Dass hohe Bäume heute fehlen, lässt den Platz noch ein wenig karg aussehen. Mit ein bisschen Zeit wird aber sicher ein Ort entstehen, an dem man gern Zeit verbringt und den Brunnen beim Plätschern zuschaut.

Adresse V. Bezirk, 1051 Budapest | ÖPNV Metro 1 bis zum Vörösmarty tér, rechts am Café Gerbeaud vorbei liegt der Platz gleich um die Ecke | Öffnungszeiten Herend: Mo–Fr 10–18 Uhr, Sa 10–14 Uhr | Tipp In Veszprém, circa 120 Kilometer von Budapest entfernt, kann man den Hauptsitz der ungarischen Porzellanmanufaktur besichtigen.

# 45___Der Károlyi kert
*Eine Oase der Ruhe*

Ein wunderschöner kleiner Park mitten in Budapest ist der Károlyi kert. Er befindet sich hinter dem Károlyi-Palais, zwischen der Ferency István utca und Henszlmann Imre utca, und wurde nach dem Grafen Mihály Károlyi benannt. Der spätere ungarische Botschafter in Frankreich war für nur ein Jahr Premierminister von Ungarn (1918–1919) und stammte aus einer überaus bekannten Familie Budapests. Während der junge Károlyi sich durch Spielen und seinen großzügigen Lebensstil hervortat, widmete er sich später ernsteren Themen. Anfangs unterstützte er das bestehende System, doch mit der Zeit wurde er zunehmend revolutionär und wandte sich schließlich den Linken zu. Aufgrund seiner politischen Haltung musste Károlyi gleich nach seiner kurzen Amtszeit ins Exil gehen. Das Palais seiner Familie wurde wegen angeblichen Hochverrats beschlagnahmt. Das mondäne Stadthaus demonstriert die einstige Bedeutung und den Reichtum der Familie sehr anschaulich.

Nicht ganz so pompös, dafür besonders hübsch ist die Grünanlage. Károlyi kert ist der älteste Park der Stadt und gehörte früher ebenfalls der Adelsfamilie. Sogar ein Tennisplatz befand sich damals auf dem Grundstück. Inzwischen ist er längst öffentlich und lockt mit hübschen Beeten, schattenspendenden Bäumen und Bänken. Dazu Statuen, Brunnen und ein Spielplatz, hohe schmiedeeiserne grüne Zäune und ebensolche Eingangstore. Das Ganze umgeben von schönen Bauten. Manch einer hat hier schon die Zeit vergessen: vertieft in ein Buch, in ein Gespräch oder beim Picknick.

Von Juni bis Oktober lädt die Bar Csendes Társ am Parkeingang Ecke Magyar utca zum Verweilen ein – ein lauschiger Platz mit hübschen Tischen, Stühlen und bunten Windrädern. Csendes Társ ist die kleine Schwester einer Ruinenkneipe (siehe Ort 49). Als Geheimtipp gilt die hausgemachte Limonade. Ein Aufenthalt im Károlyi kert entspannt vom Trubel der Großstadt.

**Adresse** Károlyi kert, zwischen Ferency István utca und Henszlmann Imre utca; Csendes Társ, Magyar utca 18, V. Bezirk, 1053 Budapest | **ÖPNV** Metro 2 und Straßenbahn 47 oder 49 bis Astoria oder Metro 3 und Metro 4 bis Kálvin tér, der Park liegt an der Magyar utca | **Öffnungszeiten** täglich 10–23 Uhr | **Tipp** Versuchen Sie, im ersten Stock des Museums im Károlyi-Palais bis zu einem Fenster zu gelangen, von dem aus die Universitätskirche zu sehen ist. Nur von hier ist die Besonderheit zu erkennen: Die Kreuze der Türme stehen nicht parallel zur Fassade.

# 46 Die Kindereisenbahn
*Ein besonders großes Spielzeug*

Sie ist ein Relikt aus sozialistischen Tagen. Auch in anderen Ländern des Ostblocks gab es die Kindereisenbahn. In der DDR hieß sie Pioniereisenbahn. Diese wurde ebenfalls von Kindern und Jugendlichen betrieben und verkehrte zum Beispiel in Berlin, Chemnitz oder Dresden. In vielen Orten fahren sie auch heute noch, nun allerdings unter dem Namen Parkeisenbahn.

In Budapest nennt sie sich Kindereisenbahn und führt durch eine landschaftlich sehr reizvolle Strecke. Ihre erste Station befindet sich auf dem Széchenyi-hegy. Dort steht ein schlichtes Bahnhofsgebäude, dessen Schalterhalle mit Fresken geschmückt ist, die die jungen Pioniere in ihren Uniformen mit blauem Halstuch darstellen. Dort kauft man die Fahrkarten, bei einem jugendlichen Schalterbeamten selbstverständlich, die dann später im Zug von einem ebenfalls minderjährigen Schaffner entwertet werden.

Alle Kinder sind zwischen zehn und 14 Jahre alt. Allerdings werden sie bei ihren verantwortungsvollen Tätigkeiten von erwachsenen Lokomotivführern und anderen Angestellten der ungarischen Bahn beaufsichtigt und angeleitet. Ansagen und Weichenstellen gehören ebenfalls zu den Aufgaben, die mit großem Ernst ausgeführt werden. Das Ganze ist seit Jahrzehnten ein einziges großes Vergnügen für Jung und Alt.

Die Fahrt verläuft in ungefähr einer Dreiviertelstunde über eine Strecke von 11,2 Kilometern durch die reizvollen Budaer Hügel. Rechts und links liegen Felder und Wälder, und von verschiedenen Haltestellen aus lohnt es sich, Spaziergänge zu unternehmen. Auf jeden Fall sollten die Bahnhöfe Hűvösvölgy und Hárshegy auf einer Fahrt passiert werden, weil sich dort Tunnel befinden, und das ist immer besonders spannend. Von der Station Janos-hegy aus ist nach einigen Minuten Fußweg der höchste Punkt der Stadt zu erreichen. 527 Meter sind das immerhin, und von ganz oben genießt man eine tolle Aussicht.

**Adresse** Beginn der Fahrt ist auf dem Széchenyi-hegy, Golfpálya út, XII. Bezirk, 1121 Budapest, Tel. +36/1/3975394, gyermekvasut.hu/deutsch | **ÖPNV** Straßenbahn 59 oder 61 bis Városmajor, dann mit einer Zahnradbahn (60) bis zur Endstation Széchenyi-hegy, der Golfpálya út in Richtung Kinderbahn folgen | **Tipp** Im Bahnhof Hűvösvölgy ist ein kleines Kindereisenbahn-Museum eingerichtet. Falls man in der Umgebung eine Wanderung unternehmen möchte, erhält man dort Wanderkarten.

# 47 Das Kiscelli Múzeum
*Ein lohnender Aufstieg*

Ein gelb getünchtes barockes Gebäude mit einer angrenzenden Kirche, frisch gemähtes Gras, ein schattiger Innenhof mit einigen Statuen und friedliche Ruhe – so empfängt das Kiscelli Múzeum seine Besucher. Früher befand sich hinter diesen Mauern ein Kloster der Trinitarier, eines strengen Ordens der katholischen Kirche. Dann wurde es als Kaserne und Lazarett genutzt, bis schließlich ein Wiener Kunstsammler und Möbelfabrikant das Barockensemble kaufte und instand setzen ließ. Was für ein Glück!

Es liegt etwas abseits in Óbuda oberhalb des Margareten-Krankenhauses, und man muss einige Meter hinaufsteigen. Aber beim Betreten des schönen Innenhofes ist das gleich vergessen. Vor dem Museumsbesuch sollte man sich ruhig noch auf einer Bank ausruhen und die Stille und Atmosphäre genießen.

Das Kiscelli wirkt auf den ersten Blick wie ein Heimatkundemuseum, doch es gibt viel darin zu sehen: Maschinen, Bilder, Möbel aus drei Jahrhunderten und eine Menge Kunst. Das Besondere ist die Kombination der verschiedenen Gebäude und der sehr unterschiedlichen Exponate. In der Kirche werden moderne Künstler und ihre Werke vorgestellt, und durch die Kombination mit den alten Gemäuern entsteht eine besondere Wirkung. Im Herrenhaus stehen typische Gebrauchsgegenstände der Vergangenheit, Dinge, die einem das frühere Leben vergegenwärtigen; daneben eine beträchtliche Anzahl von Werken ungarischer Maler und Bildhauer. Beachtlich ist auch die Sammlung im ersten Stockwerk. Hier sind bekannte ungarische Künstler ab dem 19. Jahrhundert, wie zum Beispiel József Rippl-Rónai, vertreten. Er gilt in Ungarn als Wegbereiter der Moderne, und auf einem seiner Bilder sind seine beiden Brüder zu sehen. Aber auch bunte und schrille Skulpturen stehen auf dem langen, lichtdurchfluteten Korridor. Seit 2012 ist im Museum außerdem eine herrliche Biedermeier-Apotheke aus Kirschbaumholz zu bewundern.

**Adresse** Kiscelli Múzeum, Kiscelli utca 108, III. Bezirk, 1037 Budapest, kiscellimuzeum.hu | **ÖPNV** Bus 17 bis Szent Margit Kórház, dann auf der Kiscelli utca zu Fuß weiter | **Öffnungszeiten** Di–So 10–18 Uhr | **Tipp** Nach dem Zweiten Weltkrieg wurde die Synagoge vom ungarischen Fernsehen als Studio genutzt, seit 2010 findet wieder jüdisches Leben statt. Für eine Besichtigung meldet man sich unter Tel. +36/30/3969020 oder info@obudaizsinagoga.hu an.

# 48 Der Kodály körönd
*Ein prächtiger Platz mit Kastanien und Platanen*

Im Mai 1868 berief Graf Gyula Andrássy eine Konferenz ein, auf der er seine Urbanisierungsvorstellungen bekanntgab. Budapest sollte sich zu einer Großstadt von europäischem Niveau entwickeln. So entstand der Plan einer breiten Achse durch die Stadt in Richtung Stadtwäldchen, benannt nach dem Grafen.

Bei einem Spaziergang die Andrassy út entlang in Richtung Heldenplatz passiert man den imposanten Kodály körönd. Körönd ist das ungarische Wort für Rondell oder Kreisel, und ausnahmsweise kann man sich bei dieser Vokabel lautmalerisch sogar etwas Rundes vorstellen. Benannt wurde der Platz nach dem ungarischen Komponisten Zoltán Kodály, einem engen Freund von Béla Bartók, bei uns weniger bekannt. Er widmete sich vor allen Dingen der Sammlung von ungarischen Volksweisen und beschäftigte sich viel mit Musikpädagogik. Er selbst hatte am Kodály körönd auch eine Wohnung, die heute zu einem kleinen Museum hergerichtet ist.

Insgesamt besteht der Platz aus vier großen abgerundeten Gebäudekomplexen. Die Wirkung der prächtigen, zurückgesetzten Häuser wird durch die großen Platanen und Kastanienbäume noch hervorgehoben. In der Mitte des Platzes sieht man vier Standbilder von ungarischen Heerführern. In die Fassade des Hauses Nummer 83–85 hat der Architekt József Kauser Elemente der französischen Renaissance eingearbeitet. Das Gebäude mit den Hausnummern 88–90 wurde von der MAV, der ungarischen Staatsbahn, erbaut. Die Front zieren wunderschöne Sgrafitti, in denen die Wappen derjenigen Provinzen zu sehen sind, durch die damals das ungarische Eisenbahnnetz führte. In den letzten Jahren wurde auch der Wohnblock Nummer 87–89 mit seinen schönen Türmen saniert. Hier ist heute das Kodály-Museum untergebracht. Und auch der Hübner-Hof in der Nummer 92–94 wird derzeitig instand gesetzt und bald das gesamte Ensemble wieder eindrucksvoll ergänzen.

**Adresse** Kodály körönd, VI. Bezirk, 1062 Budapest | **ÖPNV** Metro 1 bis Kodály körönd | **Öffnungszeiten** Kodály-Museum: Mi–Fr 10–12 und 14–16.30 Uhr, aber nur nach Absprache mindestens zwei Tage vorher! E-Mail: kodalymuzeum@lisztakademia.hu | **Tipp** Die Galerie Kogart ein Stück weiter die Straße hinauf ist in einer prächtigen Villa untergebracht und hat das Anliegen, zeitgenössische ungarische Kunst bekannt zu machen (Andrássy út 112, Mo–Fr 10–17 Uhr).

# 49___Kőleves

*Gartenlokal im Shabby-Chic-Stil*

Ruinenkneipen, etwas Vergleichbares kennt man aus den 1990er Jahren aus Ostberlin. Ein leer stehendes Gebäude oder ein Hinterhof wurde entdeckt, Bierkisten angeschleppt, und schon konnte die Party losgehen. In Budapest hat sich diese Art Nachtleben hauptsächlich im ehemaligen jüdischen Viertel angesiedelt. Junge Leute aus der ganzen Welt kommen, um zu feiern. Für einige ist es am Wochenende sogar der Hauptgrund, die Stadt zu besuchen. Der Charme des Verfalls, der immer noch zu spüren ist, zieht viele an. Und die Preise sind vergleichsweise niedrig. Häufig sind es Höfe oder Baulücken, in denen die Kneipen entstehen. Sie werden mit viel Kreativität eingerichtet. Da baumeln handgefertigte bunte Lampen im Wind, Tische und Bänke sind aus verschiedenen Stilen gemixt, und skurrile Kunstgegenstände schmücken die Wände. Aber längst nicht jede Ruinenkneipe ist nur mit Trödel eingerichtet. Die erste Ruinenkneipe hieß »Szimpla kert«, und sie existiert auch heute noch.

»Kőleves«, zu Deutsch »Steinsuppe«, präsentiert sich ein wenig anders. Am Eingang des Gartenlokals steht ein Schild, das darauf hinweist, dass Gruppen nicht gern gesehen sind. Viele Junggesellenabschiede können richtig laut sein. Die Möbel bestehen aus zusammengesuchten Gegenständen vom Flohmarkt, und der Stil gleicht anderen Ruinenkneipen. Die Partyszene besucht am Abend meist auch nicht nur einen Club, sondern zieht im Viertel umher. Was den ausgehfreudigen Besuchern unheimlich viel Freude macht, bereitet den Anwohnern eher Unbehagen. Sie finden es manchmal nicht so toll, am Sonntagmorgen Hinterlassenschaften vor dem Hauseingang zu finden, und nächtlicher Lärm bleibt natürlich auch nicht aus. Aber das sind Probleme, mit denen sich jedes Ausgehviertel herumschlägt. In Budapest wird damit mittlerweile eine Menge Geld verdient, denn die Clubs sind zu einem starken Magneten der Stadt geworden.

**Adresse** Kőleves, Kazinczy utca 37–39, VI. Bezirk, 1061 Budapest; Szimpla kert, Kazinczy utca 14, VII. Bezirk, Überblick auf ruinpubs.com | **ÖPNV** Metro 1 bis Opera, von dort wenige Minuten Fußweg | **Öffnungszeiten** Kőleves: So, Di, Mi 12–22 Uhr, Fr 16–23 Uhr, Sa 12–23 Uhr; Szimpla kert: Mo–Fr 15–4 Uhr, Sa 12–4 Uhr, So 9–4 Uhr | **Tipp** Den Madách Imre tér ganz in der Nähe des Deák tér ansehen – ein imposanter Gebäudekomplex aus den 1930er Jahren. Und direkt neben dem Kőleves in der Kazinczy utca 41 kann man im gleichnamigen Restaurant gut essen.

# 50 Der königliche Wartesaal
*Eine geheimnisvolle Tür im Westbahnhof*

Budapest hat drei wichtige Bahnhöfe. Einer davon ist der Nyugati Pályaudvar, das heißt Westbahnhof. Die Budapester kürzen es meist ab und sagen einfach Nyugati Pu. Von hier aus fahren die Züge in Richtung Westen, nach Wien allerdings reist man vom Keleti Pu (Ostbahnhof) aus. Der Westbahnhof wurde in den Jahren 1874 bis 1877 nach Plänen des Architekten Auguste de Serres-Wieczffinski durch die Firma Gustave Eiffel erbaut. Das Gebäude ist in drei große Blöcke mit jeweils eigener Funktion aufgeteilt. In der Mitte befindet sich die Bahnhofshalle, deren Dachstuhl mit einer Spannweite von 42 Metern seinerzeit als größter überdachter Raum in der Architektur der österreichisch-ungarischen Monarchie galt. Noch heute erscheint sie imposant und beeindruckend.

Läuft man ein Stück linker Hand an den Gleisen entlang, gelangt man nach einigen Schritten an eine große Tür, die immer verschlossen bleibt. Oberhalb sind in Marmor gemeißelt und mit Blattgold hinterlegt die lateinischen Worte zu lesen: »Viribus Unitis«. Das heißt übersetzt »mit vereinten Kräften«, und so lautete das Lieblingsmotto von Franz Joseph I. Hier steht man nämlich vor der Tür des ehemals königlichen Wartesaals. Ob er viel genutzt wurde? So reisefreudig wie seine Frau Elisabeth war Franz Joseph I. wohl nicht und zudem der neuen Technik gegenüber eher skeptisch eingestellt. Man sollte den Wartesaal unbedingt auch von außerhalb des Bahnhofsgebäudes betrachten, denn dann ist richtig gut zu erkennen, dass er durchaus standesgemäß war: Das Portal mit seinen üppigen Verzierungen sieht wirklich königlich aus. Betreten kann man den Saal aber leider nicht.

Im Bahnhofsgebäude sind viele kleine Läden und Zeitungskioske untergebracht. Fahrkarten kauft man in der im rechten Abschnitt gelegenen Halle. Sie ist ebenfalls sehr schön, und die altmodischen Schalter sind sehenswert, auch wenn man gar keine Fahrkarte kaufen möchte.

**Adresse** Nyugati tér, VI. Bezirk, 1062 Budapest | **ÖPNV** Straßenbahn 4 und 6 bis Nyugati Pályaudvar | **Tipp** Im ehemaligen Bahnbetriebswerk des Nyugati Pu in der Tatai utca 95 befindet sich heute ein Eisenbahnmuseum. Mit mehr als 100 Fahrzeugen gilt es als das größte Eisenbahnmuseum Mitteleuropas (Mitte März–Okt. Do–So 10–16 Uhr, vasuttortenetipark.hu/en/home).

# 51 Die Kugeln am Ministerium

*Erinnerung an den »blutigen Donnerstag«*

Der ungarische Aufstand von 1956 ist ein Datum in der Geschichte dieses Landes, das keinen Ungarn kaltlässt. Viele verließen im Anschluss ihre Heimat, weil sich ihre Hoffnung auf eine bessere Zukunft mit diesem Ereignis endgültig zerschlagen hatte.

Nach dem Tod Stalins 1953 war es in Ungarn, wenn auch zögerlich, zu Veränderungen gekommen. Der reformwillige Imre Nagy wurde als Ministerpräsident eingesetzt. Für viele Ungarn galt er zu diesem Zeitpunkt als der große Hoffnungsträger. Als er 1955 von kommunistischen Hardlinern aus dem Amt gedrängt wird, wächst die Unzufriedenheit in der Bevölkerung. 1956 kommt es zum Aufstand. Arbeiter, Studenten, Soldaten und viele einfache Leute kämpften für mehr Freiheit. Und so mancher rechnete auch mit militärischer Unterstützung aus dem Westen, die jedoch ausblieb. Am 4. November marschiert die russische Armee in der Stadt ein. Die Kämpfe toben, am Ende aber wird der Aufstand niedergeschlagen. 2.500 offiziell registrierte Tote und an die 20.000 Verwundete waren die traurige Bilanz.

Schräg gegenüber vom Parlament steht das Landwirtschaftsministerium, zu dessen Eingang links und rechts eine imposante Kolonnade verläuft. Nach einer Sanierung wird auch der prächtige Innenhof für Publikum zur Besichtigung offen stehen. An der Ecke zur Nádor und Báthori utca fallen an den Außenmauern des Gebäudes dicke, metallene Kugeln auf. Sie sind hier angebracht, um an den Aufstand zu erinnern, und sollen die Gewehrkugeln symbolisieren, mit denen 1956 auch an diesem Ort geschossen und getötet wurde. Eine kleine Gedenktafel, auch heute noch jederzeit mit Kränzen oder Bändern in den Nationalfarben geschmückt, ist ebenfalls angebracht. Darauf steht zu lesen: »Im Gedenken an die Opfer des blutigen Donnerstags. Die Überlebenden«. Der 23. Oktober, der Tag, an dem der Aufstand begann, ist in Ungarn heute Nationalfeiertag.

**Adresse** Kossuth Lajos tér 11, V. Bezirk, 1054 Budapest | **ÖPNV** Straßenbahn 2 oder Metro 2 bis Kossuth tér | **Tipp** Am Szabadság tér 5 gibt es eine Mini-Skulptur von Mihály Kolodko. Eine Axt erinnert daran, dass eine russische Pelzmütze, die er aufgestellt hatte, um anhaltenden russischen Einfluss auf die ungarische Politik zu kritisieren, von einem rechten Politiker zerstört wurde.

# 52 Der Kunstgewerbeladen
*Hier wird man farbenfroh umgarnt*

Es ist noch gar nicht lang her, da gab es in der Váci utca und ihren Seitenstraßen viele Geschäfte mit folkloristischen Artikeln. Heute werden Gegenstände verkauft, die man an allen beliebigen Reisezielen findet: bedruckte Trinkbecher, Magnete oder Schlüsselanhänger. Das Interesse für handbemalte Ostereier aus Siebenbürgen und Ungarn oder bunt bestickte Blusen ist kleiner geworden. Aber es gibt immer noch Enthusiasten, die sich für die vielen Muster oder ungarisches Porzellan begeistern. Sie können in der ungarischen Metropole nach wie vor ausgesuchte Gegenstände entdecken.

Im »Folkart kézművesház« in der Régi Posta utca findet man originale Handwerkskunst. Es gibt die außergewöhnliche schwarze Keramik, die heute nur noch von einer Familie namens Fazekas in Nádudvar in der Hortobágy Puszta hergestellt wird. Angeboten werden außerdem bunt bestickte Blusen mit der typischen Matyó-Stickerei, deren Hauptmotiv eine Pfingstrose ist, sowie Westen oder handgefertigte Spitzen. Ins Auge fallen Keramikkrüge, deren dicke Bäuche verziert sind wie die Uniformen der berühmten Husaren. Dabei handelt es sich um Miska-Krüge, die seit Beginn des 19. Jahrhunderts in der ungarischen Tiefebene hergestellt und bei festlichen Anlässen für Wein genutzt wurden.

»Sher Textil« in der Király utca hat sich auf Wohntextilien, insbesondere Vorhänge, spezialisiert. Auch Decken, Hausschuhe oder Trachtenblusen mit feinen Stickereien gibt es hier. Das Schaufenster lockt zudem mit farbenfrohen Kissen. Sie stammen aus einer Region namens Țara Călatei (ungarisch Kalotaszeg) in Rumänien, in welcher Ungarn auch heute noch eine große Minderheit bilden. Insbesondere seit Mitte des 19. Jahrhunderts entstand in dieser Gegend vielseitige Handarbeitskunst mit Motiven wie Tulpen, Eicheln oder Vögeln. Rot ist die vorherrschende Farbe. Die Besitzerin des Geschäfts verfügt immer noch über Quellen, aus denen sie Nachschub dieser antiquarischen Kostbarkeiten ergattert.

**Adresse** Folkart kézművesház: Régiposta utca 12, V. Bezirk, 1052 Budapest; Sher Textil: Király utca 41, VII. Bezirk, 1077 Budapest | **Öffnungszeiten** Mo–Fr 10–18 Uhr, Sa 10–15 Uhr, Mo–Fr 10–18 Uhr, Sa 10–13 Uhr | **Tipp** Wer sich für »Made in Hungary« interessiert, kann Handgemachtes auf dem regelmäßig stattfindenden »WAMP Market« entdecken. Die Abkürzung steht für »Where art meets people«, der Markt findet an wechselnden Standorten statt. Termine unter wamp.hu.

# 53 Das Lángoshäuschen
### *Eine ideale Zwischenmahlzeit am Stadtwald*

Die Ungarn sind genussfreudige Menschen. In Budapest gibt es an jeder zweiten Ecke irgendetwas zu futtern. Verhungern muss man also wirklich nicht, wenn man den ganzen Tag in der Stadt unterwegs ist. Neben den europaweit üblichen Angeboten der Fast-Food-Restaurants gibt es zunehmend Döner- oder Pizzabuden. Ein wirklich typisch ungarischer Imbiss aber ist der Lángos (Langosch gesprochen). Das sind Fladen aus Kartoffelteig, die in Fett ausgebacken werden. Gehaltvoll, aber köstlich!

Ursprünglich bestand der Lángos aus Brotteig, der bei der Brotherstellung beiseitegelegt und an der Öffnung des Ofens nahe der Flamme (láng) mitgebacken wurde. Am Backtag bildete er für die gesamte Familie das Frühstück. Heute wird der Lángos meist außer Haus verspeist. Er ist immer noch ein sehr beliebter, einfacher und leckerer Snack in Ungarn. Lángosbuden findet man häufig dort, wo viele Menschen verkehren: in Schwimmbädern, an Bahnhöfen oder auf Wochen- und Jahrmärkten. Heute wird er manchmal auch in Restaurants angeboten, dann meist als Beilage. Oft wird der Teigfladen mit saurer Sahne verzehrt, oder man streicht mit einem Pinsel noch ein wenig Knoblauchsaft darüber. Es gibt aber auch Lángos mit Käse, Kraut oder Schinken. Sauerrahm heißt übrigens »tejföl«. Bei vielen ungarischen Gerichten bildet er das i-Tüpfelchen, und damit schmeckt auch der Kartoffel-Hefe-Fladen besonders gut.

Bei Ligeti Lángos nahe des Széchenyi-Bades bekommt man zahlreiche unterschiedliche Varianten. Die klassische Version, mit Käse und Sauerrahm, kostet umgerechnet circa 2,50 Euro. Um das Gebäude verteilt gibt es eine ganze Reihe von Sitzmöglichkeiten, und der Kiosk erfreut sich insbesondere am Wochenende großer Beliebtheit. In den beiden Pavillons nebenan, die nach Vorlagen eines bedeutenden Vertreters der ungarischen Romantik errichtet wurden, gibt es ebenfalls Speisen und Getränke.

**Adresse** an der Állatkerti út, XIV. Bezirk, 1144 Budapest, gegenüber dem Zoo und etwa 200 Meter vor dem Széchenyi-Bad | **ÖPNV** Bus 72 bis Àllatkert oder Metro 1 bis Heldenplatz | **Öffnungszeiten** Mo–Sa 10–18 Uhr | **Tipp** Am Lángoshäuschen kann man nach einem Spaziergang durch das Stadtwäldchen vorbeigehen. Im Retró Büfé am Podmaniczky-Platz, direkt bei der Metrostation Arány János utca, gibt es ebenfalls sehr gute Lángos.

# 54 Das Lindenbaum-Haus
*Symbolträchtige Fassade*

Oberhalb der grünen Tür, die im Vergleich zur Fassade eher schlicht ist, verläuft über die ganze Breite des Lindenbaum-Hauses ein Relief mit herrlichen goldenen Pfauen. Zwei ebenfalls dank Restaurierung golden glänzende Frauenfiguren sehen aus, als versuchten sie sich mit ihren hochgereckten Armen verzweifelt vor den Schlangen zu retten, die sich um ihre Beine schlängeln. Zwischen den Fenstern entspringen die Baumwurzeln, die Äste breiten sich dann weit aus und treiben grüne Blätter. Unterhalb der obersten Fensterreihe sind Sonne, Mond und Sterne dargestellt. Dazwischen steigen Vögel in einem Schwarm in die Lüfte. Also unten Symbole für die Erde, oben für den Himmel. Da kann man anfangen zu deuten: Pfauen – ein Symbol für die Eitelkeit? Und die zwei goldenen Frauen, wollen sie sich vor der Versuchung retten? Wie es gemeint ist, ist schwer herauszufinden. Aber dass die Malerei außergewöhnlich schön ist, daran besteht kein Zweifel.

Erbaut wurde das sogenannte Lindenbaum-Haus in den Jahren 1896/97 von Frigyes Spiegel und Fülöp Weinréb. Sie gehörten zu der großen Anzahl jüdischer Architekten, die um diese Zeit in der Hauptstadt des Landes viele Gebäude entwarfen. Manche Stimmen sagen, diese Tatsache finde heute zu wenig Beachtung.

Frigyes Spiegel jedenfalls baute – erst gemeinsam mit Fülöp Weinréb, später mit einem anderen Partner – eine ganze Reihe von Häusern, und viele davon stehen auch heute noch. Seine Architektur orientierte sich eher am westlichen Jugendstil, an den Arbeiten Otto Wagners zum Beispiel. Das ist beim Lindenbaum-Haus auch besonders gut zu erkennen.

Es erinnert ein wenig an die beiden Gebäude an der Wienzeile gegenüber dem Naschmarkt in Wien. 1903 eröffnete Spiegel außerdem ein Geschäft mit Einrichtungsgegenständen. Das Kunstgewerbemuseum zeigt in seiner Sammlung ebenfalls Stücke, die von ihm entworfen wurden.

**Adresse** Izabella utca 94, VI. Bezirk, 1064 Budapest | **ÖPNV** Metro 1 bis Vörösmarty utca, eine Straße weiter in Richtung Heldenplatz links in die Izabella utca; oder Bus 73 bis Izabella utca | **Tipp** Weitere Gebäude von Frigyes Spiegel stehen in der Bajcsy Zsilinszky út 63, Jókai utca 40 und Andrássy út 101 (die sogenannte »Schanzer-Villa«).

# 55 Das Literaturmuseum
*Sprudelnde Idee*

Der Brunnen schräg gegenüber vom Universitätsgebäude am Egyetem tér 1–3 gehört zweifelsohne zu den außergewöhnlichsten der Stadt. Erst bei genauerem Hinschauen ist zu erkennen, dass hier nicht einfach ein Buch aus Stein geschlagen und bearbeitet wurde, sondern dass es sich um einen Brunnen handelt: Das hervorsprudelnde Wasser ist in einer Linie angelegt und hebt sich langsam zur Mitte hin, um dann umzukippen. Die Seiten des Buches werden so kontinuierlich »umgeblättert« (allerdings nicht in den Wintermonaten). Vielleicht soll dieses Kunstwerk auch auf das gleich nebenan beheimatete Literaturmuseum hinweisen.

Der Brunnen wurde 2012 am Tag des Buches eingeweiht. Er symbolisiert die Liebe zum Buch, zum Lesen, Lernen und zur Kultur und gehört zum Universitätsgebäude der juristischen Fakultät. Geschaffen wurde er von Hajnalka Kalászi (Idee), Gergely Kelecsényi (Design) und József Szita (Technik).

Im Petőfi-Literaturmuseum, dessen Räume im ehemaligen Palais der Familie Károlyi untergebracht sind, werden die wichtigsten literarischen Sammlungen des Leselandes Ungarn aufbewahrt und gezeigt. Dazu zählen Beiträge von und über den international bekannten Sándor Márai genauso wie Literatur ehemals verfolgter Schriftsteller. Das Museum ist nach einem der berühmtesten ungarischen Literaten benannt: Sándor Petőfi war Dichter und Freiheitskämpfer zugleich. Er gilt als Volksheld der ungarischen Revolution von 1848. Nach ihm wurde eine der Brücken in Budapest benannt. Im Museum wird sein Gedankengut und das vieler anderer bedeutender Schriftsteller Ungarns gepflegt. Dazu zählen Korrespondenzen, Ton- und Filmaufnahmen, Fotos, Zeitschriftenausschnitte, Gemälde oder Gebrauchsgegenstände, die jeweils in verschiedenen Ausstellungen zu sehen sind. Eine Gelegenheit, das Palais zu besichtigen, bietet sich auch bei den regelmäßig stattfindenden Veranstaltungen.

**Adresse** Petöfi Irodalmi Múzeum (Literaturmuseum), Károlyi utca 16, V. Bezirk, 1053 Budapest, pim.hu | **ÖPNV** Metro 3 und 4 oder Straßenbahn 47 und 49 bis Kalvín tér | **Öffnungszeiten** Di–So 10–18 Uhr (deutschsprachige Audioguides erhältlich) | **Tipp** Drei Straßenecken weiter, im Garten vor dem Nationalmuseum, befindet sich Budapests berühmteste Treppe. Hier soll Sándor Petöfi sein Nationalgedicht vorgetragen haben. Das gilt längst als unwahr, doch die Treppe erfreut sich weiterhin großer Beliebtheit.

# 56 Das Lukács-Bad
## *Rührende Votivtafeln im Innenhof*

Bei den Touristen ist das Lukács-Bad nicht so beliebt wie bei den Einheimischen. Zu extravagant sind die Bauten der anderen, berühmteren Bäder der Stadt. Aber auch die Ursprünge dieser Anlage, benannt nach dem heiligen Lukas, stammen schon aus lange vergangenen Tagen. Sein heutiges Aussehen erhielt es 1842. Damals wurde es im klassizistischen Stil von József Hild erbaut, und ab 1894 war es das größte und beliebteste Bad der Stadt.

Im Innenhof des Gebäudes ist links des Eingangs eine Reihe von Gedenktafeln zu sehen. Badegäste, die im Lukács-Bad ins heilende Wasser tauchten und sich anschließend besser fühlten, nicht mehr so starke Schmerzen hatten oder sich sogar von ihren Gebrechen geheilt fühlten, ließen diese Tafeln hier anbringen. Da steht auf einer einfach nur »Köszönöm« (eines der Worte, die man bei einem Besuch in der Stadt vielleicht lernen sollte, denn es heißt »danke«). An anderer Stelle bedankt sich ein Mann in deutscher Sprache für die Befreiung von seinem Rheumaleiden.

Aus dem ganzen Habsburgerreich reiste man einst her, um zu kuren. Budapest ist nach Reykjavík die Hauptstadt mit den meisten Thermal- und Heilbädern. Deshalb darf es sich auch Kurbad nennen. An mehr als 130 Stellen entspringen warme Quellen mit Temperaturen zwischen 22 und 76 Grad Celsius.

Neben den Becken und Anlagen für therapeutische Behandlungen im Inneren der Badeanstalt gibt es zwei große Außenbecken. Am schönsten ist es dort im Winter. Dann dampft das warme Wasser in der kalten Luft und hüllt alles in eine geheimnisvolle Atmosphäre. Kreisförmig angelegte Sitzbänke machen den Aufenthalt im Wasser komfortabler. Im Eingangsbereich, wo man die Eintrittskarten kauft, steht ein wunderschöner türkisfarbener Brunnen. Manchmal ist zu beobachten, dass Einheimische das Heilwasser in ihre mitgebrachten Plastikflaschen abfüllen und damit zuversichtlich von dannen ziehen.

**Adresse** Frankel Leo út 25–29, II. Bezirk, 1023 Budapest, lukacsfurdo.hu/de | **ÖPNV** Straßenbahn 4 oder 6 bis Margarethenbrücke auf der Budaer Seite, dann etwa 5 Minuten zu Fuß | **Öffnungszeiten** täglich 7–19 Uhr | **Tipp** Ein authentisches Café im Stil der 1960er Jahre, das »Bambi Presszó«, befindet sich in der Frankel Leo út 2–4 (Mo–Fr 7–22 Uhr, Sa, So 9–22 Uhr).

# 57_Das Madal
*Peace and Happiness*

Eine Insel der Ruhe im quirligen Budapest zu schaffen gehörte zum Gründungskonzept des ersten Kaffeehauses von Madal Espresso & Brew Bar im Jahr 2013. Die Idee scheint aufgegangen zu sein, denn inzwischen gibt es drei Standorte. Beim Besuch des Cafés wird schnell klar, dass es auch um ein meditatives Erlebnis geht. Die helle und zugleich warme Einrichtung und die schwarz-weißen Bilder des Friedensphilosophen Sri Chinmoy (1931–2007), der Madal genannt wurde, schaffen eine gelungene Atmosphäre. Auch der Außenbereich in einer verkehrsberuhigten Zone – direkt neben dem neuen Nationaldenkmal – lädt zum Innehalten ein.

Der Kaffee wird in einer Mikrorösterei in der Nähe von Budapest geröstet und kann hier auch erworben werden. Hübsch verpackt in weißen Tüten stehen die unterschiedlichen Sorten in hellen Holzregalen. Dasselbe gilt für diverse Publikationen von Madal alias Sri Chinmoy, die Interessierten einen Einblick in sein Wirken geben. Der aus Indien stammende Sri Chinmoy setzte sich nicht nur für den Frieden ein, er war als junger Mann auch ein begnadeter Läufer (ein Foto zeigt ihn am Start), er schrieb unzählige Bücher, malte, komponierte, philosophierte und spürte schon früh spirituelle Erleuchtungen und wandte sich dem Glauben und der Meditation zu. Die Welt mit Toleranz und Respekt anzunehmen, aber auch zu verbessern, war sein Ziel und seine Botschaft. In den 1960er Jahren ging er nach New York und baute von dort ein weltweites Netzwerk von Meditationszentren auf.

Wer sich darauf weiter einlassen möchte, findet Details im Café: Hier gibt es Fotos, Bilder mit Sprüchen von Chinmoy wie »Peace does not speak it radiates« und Publikationen zu erwerben. Wer nur guten Kaffee und Budapest genießen möchte, ist auch richtig. Neben verschiedenen Kaffeesorten in unterschiedlichen Stärken und Zubereitungsarten gibt es Gebäck und weitere Leckereien, dazu ruhige Musik zur Untermalung der friedlichen Stimmung.

**Adresse** Alkotmány utca 4, V. Bezirk, 1054 Budapest, Tel. +36/20/5347614, madalcafe.hu | **ÖPNV** Straßenbahn 2, 23 oder 28 zum Kossuth Lajos tér, rechts in die Alkotmány utca | **Öffnungszeiten** Mo–Fr 7.30–19.30 Uhr, Sa, So 8.30–19.30 Uhr | **Tipp** Zur Abwechslung einmal nicht die wunderbaren Gebäude der Stadt ansehen, sondern auf den Boden schauen: In Budapest gibt es sehr schöne Kanaldeckel – mit unterschiedlichen Formen und Motiven.

# 58_ Das Mai-Manó-Haus
*Das beste Atelier in der Stadt*

Mai Manó oder Emánuel May lebte von 1855 bis 1917 in Budapest und war ein kaiserlich-königlicher Hoffotograf. Zu seiner Zeit war dies ein äußerst angesehenes Handwerk, das noch nicht viele Menschen beherrschten. Schon als junger Mann im Alter von 23 Jahren eröffnete Manó sein erstes eigenes Fotogeschäft auf dem Prachtboulevard Andrássy út, und bald hatte er den Ruf, der beste Kinderfotograf in ganz Ungarn zu sein. Sein Ruhm brachte Manó finanziellen Wohlstand, sodass er sich sein eigenes repräsentatives Atelierhaus in der Nagymező utca 20 bauen und einrichten lassen konnte. Das Besondere dieses Hauses war seinerzeit (und ist es bis heute) das eigene Tageslichtstudio im Dachgeschoss. Zwischenzeitlich waren hier Institutionen wie ein Kabarett oder der Budapester Automobilclub untergebracht, bei der Restaurierung wurde der ursprüngliche Zustand aber sorgfältig wiederhergestellt, sodass es heute zu den wenigen erhaltenen Atelierhäusern dieser Art in Europa gehört.

Seit 1999 ist im Mai Manó Ház das »Haus der Fotografie« zu Hause. Auf drei Ebenen werden Wechselausstellungen mit historischen und zeitgenössischen Fotografien gezeigt: in der ersten Etage Ausstellungen der André Kertész Galéria, in der zweiten der George Eastman Gallery, und in der dritten werden die Bestände der József Pécsi Library verwahrt. Die Ausstellungen lohnen sich für jeden Fan der Fotografie. Außerdem gibt es eine kleine Buchhandlung, in der interessante Fotobände angeboten werden.

Auch das Atelier im dritten Stock ist sehenswert, ebenso die Aussicht auf die Nagymező utca – eine der Amüsiermeilen Budapests – mit ihren Kabaretts, Theatern und Lokalen. Das gesamte Wohnhaus, die Einrichtung und bunten Fenster, die knarrenden alten Treppen und andere Details, sind etwas Besonderes. Und vom Café im Erdgeschoss aus lässt sich das Treiben der Stadt wunderbar beobachten.

**Adresse** Magyar Fotográfusok Háza – Mai Manó Ház, Nagymező utca 20, V. Bezirk, 1065 Budapest, Tel. +36/30/1674034, maimano.hu | **ÖPNV** Metro 1 bis Opera und nach links in die Nagymező utca | **Öffnungszeiten** Di – So 12 – 19 Uhr | **Tipp** Ein schönes Jugendstilhaus, das ebenfalls viele Jahre als Atelierhaus genutzt wurde, befindet sich in der Kelenhegyi út 12 – 14, nahe dem Hotel Gellért. Seine ursprüngliche Nutzung ist gut an den großen Fenstern zu erkennen.

# 59 Der Mátyás tér
*Bunte Vielfalt*

Der VIII. Bezirk in Budapest ist ein abwechslungsreiches Viertel. Jahrelang galt es als prekär. In der Nähe des Nationalmuseums gibt es eine Reihe von herrschaftlichen Adelspalästen und viele hübsche Cafés, während es um den Mátyás tér immer noch etwas wild aussieht. Viele Gebäude warten auf ihre Renovierung, und nicht selten trifft man auf Obdachlose und Alkoholiker, die sich in Hauseingängen oder auf Bänken niedergelassen haben.

Die Josefstadt, wie man den VIII. Bezirk auch nennt, zählt zu den ältesten Bezirken Budapests. Vor dem Zweiten Weltkrieg hatten sich überwiegend kleine Handwerksbetriebe angesiedelt, in den 1960er Jahren entstanden Wohnsiedlungen, in die vorwiegend sozial schwache Menschen einzogen. Auch Roma gibt es im Bezirk in bedeutender Zahl, und in der Tavaszmező utca befand sich viele Jahre das erste Roma-Parlament Ungarns.

Der Mátyás tér ist von einigen schönen alten Gebäuden umgeben. Direkt am Platz liegt ein kleines Café, die »Mátyás Pékség«. Man kann draußen sitzen, um leckere Teigwaren und Kaffee zu genießen. Auffallend ist das Haus mit der Nummer 4, der sogenannte »Magda-Hof«. Grüne Fenster, grüne halbrunde Balkone und dicke Engel mit Lockenköpfen schmücken das Relief.

In der Mitte des Platzes steht ein unauffälliges Denkmal. Es ist die Büste eines Jungen, der mit 16 Jahren starb. Sándor Bauer hatte sich am 20. Januar 1969 auf den Stufen vor dem Nationalmuseum mit Benzin übergossen und angezündet. Er starb kurz darauf an seinen Verletzungen. Durch seine Tat wollte er sich mit dem jungen Tschechen Jan Palach solidarisieren, der sich kurz vorher auf die gleiche dramatische Weise auf dem Wenzelsplatz in Prag getötet hatte. Beide protestierten mit ihrer Tat gegen das Diktat und die Anwesenheit der sowjetischen Armee in ihren Ländern. Bis Ende der 1980er Jahre wurde in der Öffentlichkeit nicht über die Tat Sándor Bauers gesprochen.

**Adresse** Mátyás tér, VIII. Bezirk, 1046 Budapest | **ÖPNV** Bus 99 bis Mátyás tér | **Tipp** Ein weiteres Café, das sich schon eine ganze Weile großer Beliebtheit erfreut, ist das Műterem Kávézó in der Tavaszmező utca 19. Man bekommt Qualität zum guten Preis und kann ebenfalls draußen sitzen.

# 60 Das Mazel Tov
*Viel Erfolg!*

Mazel Tov kommt aus der jiddischen Sprache und heißt »viel Glück« oder »viel Erfolg«. Genau das ist es, was den Betreibern des gleichnamigen Lokals weiterhin zu wünschen ist. Das neue Lokal befindet sich im alten jüdischen Viertel Budapests und zählt zu den vielen Ruinenbars. Doch von Ruine kann in diesem Fall nicht mehr die Rede sein.

Im Grunde ist das Mazel Tov ein enorm hoher und schmaler Innenhof, der mit einem gläsernen Dach überbaut wurde. Dann wurden eine Bar mit bunten Kacheln und beträchtlicher Länge und dazu schöne Tische und Stühle im zeitgemäßen Stilmix aufgestellt und Industrielampen aufgehängt. Im Juli 2014 eröffnete das Lokal seine Türen und avancierte schnell zum Star.

Aber nicht nur die Location ist besonders, auch die jungen Mitarbeiter sind äußerst freundlich. Am Eingang wird man herzlich begrüßt und bekommt einen kleinen Tee gereicht. Lächelnd werden Fragen beantwortet und Fotos geduldet – auch wenn der Ansturm mittlerweile groß ist. Kein Wunder, denn das Essen ist ebenfalls lecker. Im Mazel Tov gibt es delikate und gesunde Gerichte. Die Küche ist mediterran bis orientalisch: pikante Spieße, Hummus, frisches Brot, gefüllte Teigtaschen, aber auch Salate oder fein zubereitetes Gemüse. Und dann selbstverständlich gute Cocktails, viele tropische und fruchtige Getränke oder ungarischen Pálinka. Sogar koscherer Wodka ist auf der Karte zu finden.

Das Ambiente und die Atmosphäre stimmen, das Personal und das Essen passen sehr gut dazu, und all das zu fairen Preisen im so beliebten jüdischen Viertel. Abends finden häufig Konzerte und Performances statt, Ausstellungen und Diskussionsabende sind außerdem geplant. Die Eigentümer wollen damit einen Treffpunkt für die Einheimischen schaffen. Für alle Besucher Budapests ist das Mazel Tov der perfekte Ort, um ein lebendiges Viertel kennenzulernen und Spezialitäten auszuprobieren.

**Adresse** Akácfa utca 47, VII. Bezirk, 1074 Budapest, mazeltovbudapest.tumblr.com | **ÖPNV** Straßenbahn 4 und 6 bis Wesselényi utca oder Metro 2 bis Blaha Lujza tér | **Öffnungszeiten** täglich 12–24 Uhr, Reservierung unter Tel. +36/70/6264280 | **Tipp** Gleich nebenan, in der Akácfa utca 47, befindet sich Fogasház. Es wirbt damit, der größte »ruin pub complex« der Stadt zu sein … für diejenigen, die es mögen!

# 61 McDonald's im Spiegelsaal

*Fast Food mit Ambiente*

Der berühmte Ingenieur Gustave Eiffel war begeistert von Budapest. Der Erbauer des Pariser Eiffelturms ist auch verantwortlich für den Bau des Westbahnhofs, der 1877 von seinem Mitarbeiter Auguste de Serres fertiggestellt wurde. Das Bauwerk ist beeindruckend, und es sind viele architektonische Raffinessen und Details zu entdecken. Da ist zum Beispiel das große ehemalige Bahnhofsrestaurant, das sich rechts vom Haupteingang im östlichen Flügel befindet. Wo früher in wahrhaft königlicher Atmosphäre die Zeit bis zur Abfahrt bei einem Kalbspaprikasch überbrückt werden konnte, befindet sich seit vielen Jahren eine der schönsten McDonald's-Filialen weltweit. 1990 war die Stadt auf der Suche nach Investoren, die das sanierungsbedürftige Objekt übernehmen wollten, da kam das Angebot des Fast-Food-Konzerns gerade recht. Als Gegenleistung zog McDonald's ein und sorgte für einen schnellen Imbiss unter prächtigen Gewölbedecken.

Seit Anfang 2024 wird das Gebäude erneut einer Modernisierung unterzogen, um anschließend in neuem Glanz zu erstrahlen. Derweil erfolgt der Verkauf der bekannten Produkte in einem rot-gelben Truck, der gleich hinter der Halle aufgestellt wurde, die Wiedereröffnung fand Anfang September 2024 statt. Im Restaurant soll es in Zukunft gegossene Terrazzoböden geben, dazu natürliche Materialien wie Holz oder Kupfer. Die alten Säulen werden aufwendig von Restauratoren überarbeitet. Außerdem ist zu vernehmen, dass ein Lebensmittelförderband die Esswaren zwischen zwei Ebenen transportieren soll. Die Gäste können die Reise der Produkte dann wie in einer gläsernen Manufaktur beobachten.

Der Westbahnhof liegt übrigens im Osten der Stadt – und hat seinen Namen daher, dass die Züge von hier aus in Richtung Westen starten. Der Weg lohnt sich auch, um die schöne Schalter- und Bahnhofshalle und den königlichen Wartesaal zu besichtigen.

**Adresse** McDonald's Nyugati, Teréz körút 55, VI. Bezirk, 1066 Budapest, Tel. +36/1/3325970 | **ÖPNV** Metro 3 oder Straßenbahn 4 und 6 bis Westbahnhof (Nyugati Pályaudvar) | **Tipp** Wer mehr Fast Food möchte, ist bei Hi Bing am richtigen Ort. Es gibt die chinesische Crêpes-Variante Jian Bing mit diversen Füllungen (Vámház körút 16). Im Rim Thanonh in der Dob utca 60 gibt es thailändische Gerichte für kleines Geld.

# 62 Memories of Hungary
## Zu Ehren eines ungarischen Idols

Er war ein Held, ein Gott, er wurde von seinen Landsleuten über Jahrzehnte bedingungslos geliebt und verehrt. In den 1950er Jahren war er populärer als viele Stars, Nobelpreisträger, Künstler oder Politiker seines Landes: Ferenc Puskás. Der Mann war ein begnadeter Fußballspieler, ein brillanter Stürmer, und er hatte ein »wundervolles« linkes Bein, wie Weltstar Pelé einst über ihn sagte. Das zu wissen ist hilfreich, wenn man die ungarischen Andenkenläden durchstöbert – wie zum Beispiel »Memories of Hungary« in der Vaci utca mit einer großen Auswahl an Souvenirs von Ferenc Puskás.

Auch das Stadion, in dem heute die ungarische Nationalmannschaft spielt, wurde nach Puskás benannt. Auf den kleinen Mann aus Kispest, einem proletarischen Vorort von Budapest, trifft man in Budapest häufiger.

1927 wurde Puskás geboren, mit 18 Jahren spielte er zum ersten Mal in der ungarischen Nationalelf. 85-mal trat er für Ungarn an und schoss unglaubliche 84 Tore, 32 Pflichtspiele gewann das Team in Folge! Legendär wurde der Sieg gegen die Engländer, die damals als unbesiegbar galten. Die einzige Niederlage erlitt die Mannschaft im Finale der Weltmeisterschaft 1954, dem »Wunder von Bern«, als sie gegen Deutschland verlor. Er hätte sicher noch mehr Tore für sein Land geschossen, doch nach den Unruhen und Aufständen von 1956 verließ auch Puskás seine Heimat. 18 Monate wurde er gesperrt, dann konnte er seine Karriere bei Real Madrid fortsetzen. Als er 1981 nach Budapest zurückkehrte, waren die Ungarn begeistert.

Im November 2006 verstarb Puskás. Seit 2009 wird das schönste Tor der Saison mit dem FIFA-Puskás-Preis geehrt, eine Metrostation erhielt seinen Namen, in Óbuda steht er als kickende Bronzefigur. Er lebt als Fußballer weiter im Memories of Hungary. Besonders ist die Filiale im Landwirtschaftsministerium, denn sie befindet sich in einer gotischen Halle.

**Adresse** Memories of Hungary, Váci utca 14, V. Bezirk, 1052 Budapest | ÖPNV Metro 3 bis Ferenciek tere, dann in die Váci utca, der Laden liegt auf der rechten Seite | Öffnungszeiten täglich 10–22 Uhr | Tipp In der Ifjúság Ùtja 2 befindet sich das ungarische Olympia- und Sportmuseum. Ausgestellt werden Fotos, Filme, Medaillen und Dokumente berühmter aktueller und früherer ungarischer Sportler (sportmuzeum.hu, Tel. +36/1/4714350).

# 63 Der Millenáris-Park
*Erholung zwischen Fabrikgebäuden*

Früher liefen die Fabrikarbeiter der Gusseisen- und Elektrofirma Ganz über das Gelände. Um ein wenig frische Luft zu schnappen oder auf der Suche nach einem Platz zum Verschnaufen saßen sie hier während ihrer Frühstücks- oder Mittagspause, bevor sie am Abend müde zu ihren Familien heimkehrten. Lange Jahre galt das ganze Viertel rund um den Millenáris-Park als trostlose Arbeitergegend. Heute stehen zwar immer noch einige Fabrikgebäude, doch sie haben eine völlig andere Funktion bekommen: Sie dienen der Unterhaltung und Erholung. Das gesamte ehemalige Fabrikgelände wurde begrünt und mit einem Spielplatz, Wasserflächen und großzügigen Sitzmöglichkeiten ausgestattet. Beim Nationalen Tanztheater handelt es sich um ein ehemaliges Industriegebäude, das modern erweitert wurde. Fließende Formen und Glas schaffen einen Übergang zum Park. In einer Halle findet alljährlich der »Art Market Budapest« statt, eine Messe, die in erster Linie zeitgenössische Kunst aus Mittel- und Osteuropa in den Fokus nimmt.

2020 wurde dem Gelände ein weiteres, 35.000 Quadratmeter großes Areal hinzugefügt, der Szellkapú Park. Das Wort lässt sich mit »Windtor« übersetzen, sorgen doch angelegte Windkanäle dafür, dass frische Luft über die Flächen zieht. Ein vertikaler Garten dient zusätzlich dem Schutz vor Abgasen und Straßenlärm. Drei auffällige Objekte, die überdimensionierten Pilzen gleichen, verfügen über Solarzellen und sind für die Energieversorgung verantwortlich.

An sommerlichen Abenden herrscht eine angenehm friedliche Atmosphäre in der großzügigen Anlage. So mancher lässt die Füße zur Erfrischung in einem der Teiche baumeln, junge Familien mit Kindern tummeln sich. Entstanden ist ein innovatives Areal, das Anwohnern und Besuchern Entspannung und Muße beschert. Äußerst beliebt für den Brunch oder einen Sundowner ist das »Nor/ma grand« an der Margit körút 75–87.

**Adresse** Fény utca 18–20/Kis Rókus utca 16–22, II. Bezirk, 1024 Budapest, Tel. +36/1/3364000, millenaris.hu | **ÖPNV** Metro 2 bis Széll Kálmán tér oder Straßenbahnen 4 und 6 bis Mechwart liget | **Öffnungszeiten** Park: täglich 6–23 Uhr; Palast der Wunder: Mo–Fr 9–19 Uhr, Sa, So 10–20 Uhr | **Tipp** Am Eingang zum Einkaufszentrum Mammut steht ein wenig beachtetes Denkmal. Dort befand sich 1956 eines der Zentren des Widerstands gegen die Sowjets.

# 64_ Die Mini-Skulpturen
*Kleine Formate mit großer Wirkung*

Mihály Kolodkos Figuren genießen mittlerweile Kultstatus. Der 1978 in Uschhorod in der Ukraine geborene Künstler studierte in Lemberg Bildhauerei. Auch weil monumentale Werke typisch für die ehemalige Sowjetunion waren, wandte er sich kleineren Formaten zu. Aufträge im öffentlichen Raum wollte er nicht abwarten. Stattdessen suchte er, sobald Geld für ein wenig Bronze beisammen war, einen passenden Ort für eine Skulptur und stellte sie einfach auf. Heute bevölkern die kleinen Werke Straßen, Brücken und Plätze Budapests. Ihr Wert liegt vor allem in den Geschichten, die sie erzählen.

Seit 2017 lebt Kolodko in Budapest und setzte mit dem »Főkukac« der Lieblingsmärchenfigur seiner Kindheit in Buda ein Denkmal. Die Skulptur erfreute sich schnell großer Beliebtheit, ein paarmal wurde sie sogar gestohlen. Heute wird der lustige Wurm mit der großen Nase im Winter mit winzigen Mützen und Schals ausgestattet, damit er nicht frieren muss. Eine weitere populäre Skulptur befindet sich vor dem New York Café. Der kleine Tiefseetaucher taucht vermutlich nach dem Schlüssel des berühmten Lokals. Der ungarische Schriftsteller Ferenc Molnár soll ihn gleich nach Eröffnung des Kaffeehauses im Jahr 1894 in die Donau geworfen haben, auf dass es seine Türen nie wieder schließen möge.

Mihály Kolodko kann auch politisch werden: Kurz nach Einmarsch der russischen Truppen in sein Heimatland entstand ein Mittelfinger in eindeutiger Pose mit ukrainischem Wappen am Sockel. Oben drauf ist ein kleines Kriegsschiff mit Wladimir Putin als Kapitän zu sehen. Die ukrainische Schlangeninsel wurde gleich zu Anfang des Angriffskriegs auf die Ukraine 2022 von der russischen Marine aufgefordert, sich zu ergeben. Ein Soldat sandte daraufhin per Funk die deutliche Botschaft: »Russisches Kriegsschiff, fick dich!« Mit seiner Skulptur gibt der Künstler ebenfalls ein klares Statement.

**Adresse** Főkukac: Bem Rakpart 15, Höhe Halász utca, I. Bezirk, 1011 Budapest; Tiefseetaucher: Ostváth utca 53, XIII. Bezirk, 1074 Budapest; Kriegsschiff: Moszkva sétány, XIII. Bezirk, 1138 Budapest | **ÖPNV** Mit der Straßenbahnlinie 19 oder 41 kann man den Főkukac (oder Chief Worm), das Kriegsschiff und einen Rubikwürfel entdecken. | **Tipp** In der Fő utca 92 befindet sich »Trapper«, ein Geschäft, das ebenfalls Kultstatus genießt, weil dort die gleichnamige ungarische Jeansmarke verkauft wird. Ein Ort für Nostalgiker und Retro-Fans. Diese sind auch in der Frankel Leó út 2–4 gut aufgehoben.

# 65 Der MOL Campus
*Tower der Superlative*

Eigentlich ist 96 die magische Zahl für die Höhe von Gebäuden in Budapest. Das Parlament und die Sankt-Stephans-Basilika sind so hoch und haben damit lange Zeit die Stadt überragt. Damit sich dies nicht ändert und die Besonderheiten der Stadt und ihrer Gebäude auch weiterhin ein Touristenmagnet bleiben, will Ungarns Regierung ein Verbot für Hochhäuser festlegen. Dennoch ließ sie sich zu einer Ausnahme hinreißen. Nun gibt es den MOL Tower, der mit einer Höhe von 120 Metern nicht nur das höchste Gebäude Budapests ist, sondern in ganz Ungarn. Er liegt ein wenig abseits der Altstadt, sodass keine Gefahr für eine Beeinträchtigung der malerischen Altstadt besteht. Von der Freiheitsbrücke oder der Petőfi-Brücke ist der nun alles überragende Wolkenkratzer auf der Buda-Seite schon von Weitem zu sehen.

Es ist ein gigantisches, vor allem aber modernes Hochhaus, denn es wurden nicht nur besondere Materialien verwendet, sondern auch viele energetische Aspekte berücksichtigt. »Ikonen aus Stahl« werden die außergewöhnlichen Bauwerke des englischen Star-Architekten Norman Foster genannt. Sein Architekturbüro entwarf das Gebäude und entwickelte gemeinsam mit dem ungarischen Finta Studio den MOL Campus. Ein vielfältiger Wolkenkratzer, der nicht nur für die Mitarbeiter des Öl- und Gaskonzern gedacht ist, sondern auch für die Besucher. Sie können sich mit einer App vorab anmelden, um von der begrünten Dachterrasse den hinreißenden Blick auf die Stadt zu genießen. Oder um einfach die besondere Architektur zu besuchen und sich im Erdgeschoss in einem Café des Fresh Corners niederzulassen. Direkt am Campus gibt es auch E-Bikes. Das Bürogebäude wurde bereits mit großem Lob bedacht.

Das Panorama-Restaurant Virtu befindet sich hoch oben und ist die perfekte Location für einen Cocktail mit Aussicht, ein gutes Essen oder den Besuch einer kulturellen Veranstaltung.

**Adresse** Dombóvári út 28, XI. Bezirk, 1117 Budapest, molcampus.hu | **ÖPNV** Straßenbahn 107 zum MOL Campus, Buda Part | **Öffnungszeiten** Besucherzentrum und Dachterrasse: Mo–Do 10–20 Uhr, Fr–So 10–22 Uhr (letzter Einlass eine Stunde vorher); Fresh Corner: Mo–Fr 7–18 Uhr, Sa, So 11–18 Uhr | **Tipp** Eine gute Aussicht hat man auch von der Rooftop-Bar des Geldmuseums in der Krisztina körút 6 im I. Bezirk am Széll Kálmán tér. Infos unter penzmuzeum.hu.

# 66 Molnár's Kürtöskalács
*Eine süße Verführung*

An dieser ungarischen Spezialität kommt kaum jemand in Budapest vorbei: Kürtöskalács heißt die Köstlichkeit, übersetzt Baumstriezel. Es handelt sich um ein Gebäck aus Hefeteig. Der Teig wird ewig gerührt und geknetet und dann – ein wenig wie Stockbrot – an einer Stange über einer Feuerstelle, mit Butter und Zucker versehen, gedreht und gebacken. Früher wurden Ahornzweige dafür verwendet, heute Stäbe aus Eisen mit Holzgriffen. Streifenweise wird der Teig um die Form gewickelt, sodass sich Rillen bilden, ähnlich wie beim Baumkuchen. Mit Hilfe einer Schere wird der Kuchen durchgeschnitten und die beiden Hälften mit Zucker, Schokostreuseln, Mohn, Mandeln, Kokos oder anderen Süßigkeiten bestreut. Das Gebäck stammt ursprünglich aus Siebenbürgen und war eine besondere Köstlichkeit auf Familienfesten wie Hochzeiten oder Taufen. Heute gibt es Kürtöskalács das ganze Jahr über, nicht nur in Budapest.

Ein besonders nettes kleines Café, in dem Kürtöskalács frisch gebacken und in den unterschiedlichsten Variationen angeboten wird, ist in der Váci utca 31 zu finden. Durch die großen Fenster kann man dabei zusehen, wie der Baumstriezel entsteht. Bei »Molnár's Kürtöskalács« sitzt man an der Bar oder an zwei kleinen Tischen und probiert, welcher Striezel am besten schmeckt. Neun Variationen gibt es, die warm direkt vom Spieß serviert werden. Absolut köstlich zum Kaffee und eine ideale Verschnaufpause mitten in der Fußgängerzone!

Vermutlich ist die Atmosphäre auch deshalb so nett, weil die jungen Frauen, die hier backen und bedienen, so freundlich und unkompliziert sind: Geduldig lassen sie sich bei ihrem gekonnten Handwerk von neugierigen Touristen zuschauen und lächeln zwischendurch freundlich in die Kamera. Mittlerweile gibt es in Budapest eine ganze Reihe von Ständen und Buden, die Kürtöskalács anbieten – bei Molnár's lässt er sich besonders angenehm genießen.

**Adresse** Molnár's Kürtöskalács Kávézó, Váci utca 31, V. Bezirk, 1052 Budapest, Tel. +36/1/4072314 | **ÖPNV** Metro 3 oder Bus 8 bis Ferenciek tere oder Bus 110, 112, 239 bis Március 15. Tér | **Öffnungszeiten** täglich 9–20 Uhr | **Tipp** Das erste Budapester Strudelhaus im V. Bezirk, Október 6. utca 22, bietet süßen und herzhaften Strudel an – in vielen verschiedenen leckeren Varianten (reteshaz.com).

# 67 Mono Art & Design
*Spaziergang durch das kreative Budapest*

Mono, das hört sich gar nicht ungarisch an. Aber junge Modelabel in Budapest geben sich Namen, die Westeuropäern und Amerikanern mitnichten fremd erscheinen. Mono Art & Design könnte sich auch in einer Straße downtown in Manhattan befinden. Mode und Design, das ist vielleicht nicht das, woran man zuerst denkt, wenn man den Namen der Stadt Budapest hört. Aber in diesem Bereich hat sich in den letzten Jahren eine Menge getan. Im Mono Art & Design findet man feine Kissenbezüge, sehr geschmackvolle Schalen, Becher und Schüsselchen, Lampen oder Notizhefte mit nett gestalteten Einbänden. Malerei und Skulpturen sind ebenfalls ausgestellt. Und dann natürlich Mode. Sie wird von jungen Designern entworfen, die hier nach Abschluss des Studiums die Möglichkeit haben, ihre ersten Stücke vorzustellen. Auch der Ladenraum selbst hat etwas Cooles und erinnert an ein Fabrikgebäude oder Loft. Nebenbei will Mono ein Treffpunkt für Künstler sein. Sie führen Workshops durch und nehmen regelmäßig am Budapester »Stylewalker« teil. Diese Veranstaltung findet halbjährlich statt und vereinigt unter ihrem Namen eine Reihe von Geschäften, in denen junge ungarische Kreative ihre Arbeiten anbieten. In entspannter, freundlicher Atmosphäre kann man sich dann auf Entdeckungstour begeben.

Eco-Fashion für umweltbewusste Menschen bietet Printa an. Darüber hinaus selbst bedruckte T-Shirts oder Hipster-Beutel mit schlichten Motiven. Ein kleines Segel und Druckbuchstaben bewerben Ungarns Meer, den Balaton. Vom hinteren Bereich des Ladens kann man einen Blick in die hauseigene Werkstatt werfen. In den erwähnten Geschäften liegt meist ein schön gestaltetes Buch aus, das sich »Makers of Budapest« nennt. Darin sind viele weitere Läden zu finden, die eben nicht zu einer internationalen Kette zählen und ganz eigene Mode, Schmuck, Lederwaren oder fein designte Gegenstände anbieten.

**Adresse** Mono Art & Design, Kossuth Lajos utca 12, V. Bezirk, 1053 Budapest; Printa, Rumbach Sebestyén utca 10, VII. Bezirk, 1075 Budapest | **ÖPNV** Metro 2 bis Astoria | **Öffnungszeiten** Mono Art & Design: Mo–Fr 11–19 Uhr, Sa 11–20 Uhr, So 11–18 Uhr; Printa: Mo–Sa 11–20 Uhr | **Tipp** Nach dem Stöbern bei Mono kann man eine Pause auf den Stufen des Nationalmuseums oder auf einer der Bänke im dortigen kleinen Park machen.

# 68 Das Monument für Imre Nagy
*Ehrung für einen Freiheitskämpfer*

Am Jaszái Mari tér steht auf einer Brücke die Skulptur eines Herrn mit Schnauzbart und Brille. Sein Gesicht verrät mit keiner Miene, welch unruhigem Schicksal er auch heute noch, fast 70 Jahre nach seinem Tod, ausgesetzt ist. Sein Name ist Imre Nagy, und über Generationen hinweg symbolisierte er die Unterdrückung Ungarns durch das Sowjetregime. Er war Politiker, zweimaliger Regierungschef und Held des ungarischen Volksaufstands von 1956. Er hatte sich gegen die linientreuen Hardliner gestellt und für demokratische Reformen geworben. Zwei Jahre später wurde er gehängt und mit dem Gesicht nach unten in einem Massengrab verscharrt.

Am 16. Juni 1989, auf den Tag genau 31 Jahre später, wurden seine sterblichen Überreste exhumiert und in einem feierlichen Akt in ein Ehrengrab auf den neuen Budapester Stadtfriedhof umgebettet (siehe Ort 35). Dies gilt als wichtiges Ereignis nach dem Ende der kommunistischen Herrschaft. Doch die Zeiten änderten sich unter der Regierung Orbán.

Das Denkmal, das heute auf dem Jaszaí Mari tér steht, hatte seinen Standort viele Jahre auf dem Vértanúk tér (Platz der Märtyrer). Von dort hatte der Volksheld seinen Blick auf das ungarische Parlament gerichtet. Wer weiß, wen seine Blicke störten? Imre Nagy musste jedenfalls einem Monument Platz machen, das dort bereits während der nationalistischen Herrschaft Miklós Horthys stand. Viele opponierten gegen diese Veränderung und warfen der Regierung Geschichtsrevisionismus vor. Die wiederum ließ verlauten, man wolle den Platz ganz einfach wieder in den Zustand vor der kommunistischen Herrschaft versetzen. Erstaunlich, dass die Statue dann in einer Nacht-und-Nebel-Aktion abgebaut und ohne feierlichen Akt an ihren heutigen Standort gebracht wurde. Kränze werden dennoch abgelegt, aber viele wünschen sich mehr Zukunftsvisionen.

**Adresse** Jaszái Mari tér, V. Bezirk, 1055 Budapest | **ÖPNV** mit der berühmten Straßenbahnlinie 2, die am Donauufer entlangfährt, bis zur Endhaltestelle, von dort sind es nur wenige Meter | **Tipp** Im ehemaligen Wohnhaus des Volkshelden in der Orsó utca 43 befindet sich seit 2008 eine Ausstellung, in der man viel über Imre Nagy, die Revolution von 1956 und seine Umbettung im Jahr 1989 erfahren kann. Die Villa wurde von Lajos Kozma, einem bedeutenden, vom Bauhaus beeinflussten Architekten entworfen.

# 69 Das Művész Kávéház
*Dobos-Torte und andere süße Sachen*

»M« wie mega oder marzipanig, »ü« wie überraschend oder überragend, »v« wie verziert, verfeinert oder verführerisch, »e« wie erstklassig und »s« wie sahnig. So oder in einer anderen »z« wie zuckersüßen Variante könnte der Name »Művész« buchstabiert werden. Denn all diese Adjektive passen zu den Torten und Törtchen des Cafés. Ob Haselnussschnitten, Träume aus Frucht und Baiser oder geschichtete Sahne- und Schokoladentorten. Sie drehen sich in den Glasvitrinen, und die Auswahl fällt gar nicht so leicht. Aber auch zum Frühstück gibt es eine umfangreiche Karte, herzhafte Snacks und Gulasch werden ebenfalls angeboten, und die Preise sind durchaus angemessen.

Das Művész ist eines der traditionellen Cafés der Stadt, das auch nach jahrelangem Bestehen nichts von seinem Charme eingebüßt hat. Die Budapester kommen auf einen Kaffee oder Tee, und die Bedienung ist freundlicher als in manch berühmterem Kaffeehaus. Das Gebäude wurde 1884 im Stil der Neorenaissance errichtet. Die Wände sind dekoriert mit Fotografien ungarischer Künstler. Viele Schriftsteller und Bohemiens gingen ein und aus, denn Oper und Theater liegen ganz in der Nähe. Művész bedeutet so viel wie Kunst oder Künstler. Das Interieur spiegelt die glamouröse Vergangenheit wider: große Spiegel, Kronleuchter, vergoldete Stehlampen und Leuchter.

Das Café Művész ist nicht zuletzt bekannt für seine gute Dobos-Torte, die wohl berühmteste Torte Ungarns. Sie besteht aus sechs Schichten Biskuit und Schokoladencreme, die mit einer Karamellglasur überzogen wird. Erfinder war der gleichnamige Konditormeister József Dobos, der 1885 nach einem Rezept für einen mehrere Tage genießbaren Kuchen suchte. Damals waren die Kühlungs- und Aufbewahrungsbedingungen ganz andere. In der Dobos-Torte sorgte die Schokoladencreme für den Halt, und das Karamell bewahrte die Feuchtigkeit sowie den Geschmack. Bitte probieren!

**Adresse** Művész Kávéház, Andrássy út 29, V. Bezirk, 1064 Budapest, Tel. +36/1/3433544, muveszkavehaz.com | **ÖPNV** Metro 1 oder Bus 105 bis Opera | **Öffnungszeiten** Mo–Sa 9–20 Uhr, So und Feiertage 9–21 Uhr | **Tipp** Eine köstliche Konditorei ist auch die Auguszt Cukrászda, Kossuth Lajos utca 14–16 (zwischen Metrostation Astoria und Ferenciek tere), von außen eher unauffällig.

# 70 Die Neobarock-Bibliothek
*Unglaublich beruhigende Stimmung*

Junge Menschen, in ihre Lektüre vertieft, sitzen dicht an dicht in großen Sälen. Alle scheinen die gleiche Passion zu haben: zu lernen, zu studieren und sich auf ihre Bücher zu konzentrieren. Vielleicht wird dieser Eindruck auch durch die unvergleichlich herrschaftliche Atmosphäre und Umgebung verstärkt. Der Hauptsitz der Stadtbücherei Budapests befindet sich heute in einem früheren Palais. Hier lebten einst die Wenckheims, eine bekannte aristokratische Familie. Friedrich Graf Wenckheim, der von 1842 bis 1912 lebte, war Großgrundbesitzer und äußerst wohlhabend. Das Gebäude mit der etwas rundlichen Form wurde von dem sächsischen Architekten Arthur Meining entworfen. Erbaut wurde es Ende des 19. Jahrhunderts im Stil des Neobarocks, einem etwas lebhafteren Baustil als der damals in Budapest gerade so beliebten Neorenaissance. Meining war ein sehr angesehener Architekt und baute eine Reihe von Stadtpalais für Adelige, wie zum Beispiel für die Familien Andrássy, Szapáry oder Károlyi.

Wie wohlhabend diese Familien damals waren und wie sie lebten, lässt sich bei einem Besuch der Bibliothek erahnen. Reichtum, Prunk, Großzügigkeit und Weitläufigkeit, das sind nur einige Wörter, die das Palais beschreiben. Riesige Lüster hängen in den Räumen, und goldene Verzierungen schmücken die Wände. Großzügige Salons mit meterhohen Decken kann man hier durchschreiten.

Schon Anfang des 20. Jahrhunderts wurde die Familie Wenckheim enteignet und vertrieben. Lange Zeit stand das Gebäude leer und verfiel allmählich. Anschließend gingen Parteien, Soldaten, Journalisten und Künstler ein und aus, bis das Palais zwischen 1999 und 2001 endlich rekonstruiert und renoviert wurde. Nun sitzen Studenten, still lesend, in kleinen Sesseln oder an einem der vielen Arbeitsplätze. Ein Ort, der in Zeiten des multimedialen Alltags eine äußerst beruhigende Wirkung hat.

**Adresse** Bibliothek im Wenckheim-Palais, Fövárosi Szabó Ervin Könyvtár, Szabó Ervin tér 1, VIII. Bezirk, 1088 Budapest, Tel. +36/1/411500, www.fszek.hu | **ÖPNV** Metro 3 und 4 oder Straßenbahn 47 und 49 bis Kálvin tér; Bus 9 fährt bis Szentkirályi utca schräg gegenüber | **Öffnungszeiten** Mo–Fr 10–20 Uhr, Sa 10–16 Uhr | **Tipp** Im »Főfotó« in der Baross utca 10 treffen sich Studenten und Bohème. Hier gibt es neben Kaffee und Gebäck alles rund um die Kamera. Außerdem werden regelmäßig Ausstellungen veranstaltet.

# 71 Der ÖPNV auf der Donau

*Prächtige Architektur aus anderer Perspektive*

Budapest ohne Donauschifffahrt, das ist wie Wien ohne Sachertorte! Und in der ungarischen Metropole ist der Fluss ja so viel breiter, imposanter und ganz einfach Teil der Stadt. Auf einer Donauschifffahrt eröffnen sich noch einmal ganz andere Blicke auf das Panorama zu beiden Seiten, und insbesondere all die schönen Brücken sind aus einer anderen Perspektive zu sehen.

Seit einiger Zeit gibt es eine prima Alternative zu den vielen verschiedenen Ausflugsschiffen: Fährschiffe verkehren die Donau herauf und herunter, so wie es Busse und Straßenbahnen zu Land tun. Die verschiedenen Stationen, an denen man zu- oder aussteigen kann, sind meist dem öffentlichen Nahverkehr angeschlossen. Statt also im überfüllten Bus zur Arbeit zu fahren, kann der Budapester heute bei einer Tasse Kaffee über die Donau gondeln. Frische Luft und guter Ausblick inklusive. Zugegeben, die Schiffe sind nicht die neuesten Modelle. 20 bis 40 Jahre haben sie schon auf dem Buckel. Aber der Preis ist unschlagbar, denn für eine reguläre Fahrt zahlt man 750 Forint (am Wochenende etwas teurer), umgerechnet nicht einmal zwei Euro. Den Fahrschein kann man auf dem Schiff lösen.

Die Schiffe verkehren zwischen der Árpád út in Újpest und der Haller utca zwischen Petőfi- und Rákóczy-Brücke. Die Donau aufwärts, also am Pester Ufer entlang, werden sieben, die Donau abwärts in Buda drei Haltestellen angesteuert. Der gesamte Donauabschnitt zwischen Petőfi- und Margaretenbrücke steht unter dem Schutz der UNESCO. Außerdem zählen einzelne Gebäude, die passiert werden, zum Weltkulturerbe. So das Parlament, die Kettenbrücke, der Széchenyi-Platz, das Burgviertel und das Gellért-Bad. Mehr kann man so bequem kaum erleben! Auch das (Party-)Schiff 38 wird angesteuert. Die Haltestellen wurden zum Teil neu errichtet. Ein großer Teil des Projekts wurde mit EU-Fördergeldern finanziert.

**Adresse** zum Beispiel ab Jászai Mari tér, XIII. Bezirk, 1137 Budapest oder Gellért tér, XI. Bezirk, 1111 Budapest | **ÖPNV** Straßenbahn 4 oder 6 bis Jászai Mari tér (Anleger rechts der Margaretenbrücke) oder Straßenbahn 17, 47 oder 49 bis zum Gellért tér (Anleger rechts zur Freiheitsbrücke) | **Öffnungszeiten** Fahrplan unter bphajojarat.hu; Mo–Fr fahren die Linien D11 (Haltestellen wie Jászai Mari tér, Pest, oder Batthyányi tér, Buda) und D12, Sa, So verkehrt die Linie D13 | **Tipp** Am Gellért tér aussteigen und einen Spaziergang die Bartók Béla utca entlang machen. Dort gibt es einige Cafés, unter anderem das Hadik, in dem auch kulturelle Veranstaltungen stattfinden.

# 72 Der Palast der Künste
*Orgelexperimente und Kultur*

Im Müpa, wie der Palast der Künste alias Művészetek Palotája in Kurzform heißt, gibt es Platz für Theater, Kunst und Musik. Das moderne Gebäude, das 2005 eröffnete und sich ein Stück vom Zentrum entfernt befindet (aber gut mit der Straßenbahnlinie 2 zu erreichen ist), hat diese drei Kunstrichtungen in einem Haus vereint. Es liegt direkt an der Donau und hat neben interessanter, preisgekrönter Architektur, unzähligen Aufführungen und vielfältigen kulturellen Angeboten noch mehr zu bieten. Da wäre zum Beispiel das besondere Akustikkonzept, der Konzertsaal, das Festival-Theater, das Ludwig-Museum für Veranstaltungen und Ausstellungen zeitgenössischer Kunst, ein Buchladen und eine der größten Orgeln Europas. Sie ist ein ungarisch-deutsches Gemeinschaftswerk mit 6.804 Pfeifen, fünf Manualen und kann über zwei Konsolen bespielt werden. Um die Bedeutung und Möglichkeiten dieses Instruments mit seiner jahrhundertelangen Geschichte näher kennenzulernen, finden regelmäßig Führungen mit einem Organisten statt.

Wer sich aber selbst einmal als Organist probieren möchte, hat dazu auf einer Orgel im oberen Stockwerk auf dem Flur links die Möglichkeit. Dabei wird vielleicht deutlicher, wie so ein Instrument überhaupt funktioniert. Mit Hilfe von Kopfhörern, die keinen der womöglich schrägen Klänge nach außen dringen lassen, vernimmt man dann lediglich die eigenen, selbst produzierten Töne. Also kann man mal so richtig in die Tasten hauen!

Die Architektur des Müpa besticht durch klare Linien, weitläufige Großzügigkeit, riesige Fensterfronten, eine geschwungene Holzdachkonstruktion und weitere Details. Die innere und äußere Hülle des Hauses sind wie zwei einzelne Schachteln mit federnden Elementen voneinander getrennt, um Lärm von außen abzuhalten. Es lohnt sich, hier auch außerhalb der Veranstaltungszeiten einmal vorbeizuschauen – der Empfang drückt meist ein Auge zu.

**Adresse** Müpa Budapest, Komor Marcell utca 1, IX. Bezirk, 1095 Budapest, mupa.hu | **ÖPNV** vom Fövam tér mit der Straßenbahn 2 bis Müpa – Nemzeti Szinház und rechts in die Komor Marcell utca | **Öffnungszeiten** täglich 10–22 Uhr | **Tipp** Direkt neben dem Müpa liegt das Nationaltheater, dessen Außenbereich sehenswert ist. Auf dem Weg dorthin befindet sich ein kleiner Aussichtsturm mit einem guten Blick zum Gellértberg, über die Donau und nach Buda.

# 73   Der Pántlika Pavillon
*Retro-Location*

Kaum ist der Frühling in der Metropole an der Donau eingezogen, schon sprießen sie wie die Pilze aus dem Boden: die vielen Straßencafés und Terrassenlokale der Stadt. Eines von ihnen liegt am Rand des Stadtwäldchens. Das Bisztró Pántlika ist ein Gartenlokal mit Pavillon. Der diente vor vielen Jahren als Informationskiosk. János Kádár, damals erster Sekretär der ungarischen kommunistischen Partei und damit ein äußerst wichtiger Mann im Land, hatte gehört, dass die Besucher sich auf der »Internationalen Messe« nicht zurechtfanden. Also wurde für sie ein Gebäude mit dem Grundriss eines fünfzackigen Sterns, dem Symbol für die kommunistische Partei, errichtet, der sogar aus dem Weltraum zu sehen sein sollte. Das wellenförmige Dach besteht aus Aluminium. Die Baumaterialien stammten allesamt aus Ungarn. Als die Messe zu groß wurde und an einen anderen Ort in der Stadt zog, wurden viele Pavillons abgerissen. Lediglich zwei Gebäude überstanden den Umzug der Messe, eins davon ist Pántlika.

Und egal, ob die Zeiten gut oder schlecht waren, die heutigen Betreiber des Pavillons empfinden sie als Teil der Geschichte ihrer Stadt. So sind hier innen wie außen viele Relikte der sozialistischen Industrie zu sehen. Retro-Design, 1960er, 1970er Jahre und die Erinnerung daran.

An lauen Frühlingstagen oder warmen Sommerabenden ist es hier am schönsten. Dann werden die roten Stühle um den Pavillon gestellt, die karierten Tischdecken aufgelegt und die bunten Lampionketten, die zwischen den Bäumen hängen, beleuchtet. Dann tummeln sich Menschen und genießen das Retro-Feeling bei Salat, gegrilltem Gemüse, Hamburgern und Bier oder Sirup-Schorle. Burger in allen Variationen sind die Spezialität von Pántlika: London-, Paris-, New-York-, Berlin-, Rom-, Jerusalem-, Acapulco-Burger – eine große Auswahl, die nicht mehr viel mit der sozialistischen Vergangenheit zu tun hat.

**Adresse** Bisztro Pántlika, Hermina út 47, XIV. Bezirk, 1146 Budapest, Tel. +36/70/3769910, pantlikabisztro@gmail.com, pantlika.hu | **ÖPNV** Metro 1 bis Széchenyi fürdö, Bus 70, 72, 74 bis Erzsébet királyne utja megálló, Bus 5 bis Erzsébet királyne aluljáró, Bus 25, 32 und 225 bis Mexikói út | **Tipp** Eine interessante Internetseite für viele weitere Beispiele sozialistischer Architektur in Budapest und anderswo ist ostarchitektur.com.

# 74 Die Párizsi Udvar
*Glanz vergangener Zeiten in prachtvoller Passage*

Nur wenige Schritte von der trubeligen Váci utca entfernt, am Ferenciek tere gelegen, befindet sich ein Gebäude, das zu den schönsten und geheimnisvollsten der Stadt zählt. Jahrelang waren die »Pariser Höfe« in schlechtem Zustand – und es war nicht klar, was damit passieren würde. Dann stand ein Zaun vor dem Eingang, und ein einsamer Security-Mann gab Obacht. Ein Luxushotel sollte entstehen. Das Gebäude wurde aufwendig saniert und erstrahlt nun wieder in prachtvollem Glanz. Seit Juni 2019 befindet sich in ihm ein Hyatt-Hotel. Nach wie vor sind die Pariser Höfe ein Juwel, und der alte Charme der Passage blieb erhalten.

Errichtet wurde das Gebäude 1909 im Auftrag einer Bank nach den Plänen von Henrik Schmahl. Die Atmosphäre im Inneren erinnert an einen orientalischen Basar. Der Fußboden besteht aus Kacheln in gedeckten Tönen. Die achteckige Halle am Eingang wird von einem Gewölbe überdacht. Die Konstruktion der Fensterrosen, das Gewölbe, Säulenkapitelle und die Säulen selbst sind aus Eisen gefertigt. Eine prachtvolle Mischung aus verschiedenen Epochen wie dem Mudéjar-Stil, Art déco, der Gotik und Renaissance. In die maurische Baukunst verliebt hatte sich der Architekt auf einer Reise durch den Süden Spaniens. Seine Begeisterung dafür ist auch im Kino Uránia an der Rákóczi út (siehe Ort 97), dort vor allem im Inneren, zu bewundern. Der Name geht auf eine Pariser Einkaufspassage zurück, die als Vorbild diente. 2011 waren die Párizsi Udvar Drehort für die erste Mordszene in dem Film »Dame, König, As, Spion« mit Gary Oldman. Dort konnte man eine Leiche auf den Kacheln der Passage liegen sehen.

Heute lässt es sich hier in angenehm entspannter Atmosphäre dinieren. Die Betriebsamkeit der Stadt wirkt dann weit entfernt. Glücklicherweise dürfen weiterhin Schaulustige durch die Passage laufen, sodass man nicht Gast im Hyatt sein muss, um dieses Juwel zu bewundern.

**Adresse** Ferenciek tere 5, V. Bezirk, 1053 Budapest | **ÖPNV** Metro 3 bis Ferenciek tere |
**Tipp** Wenige Schritte entfernt, in der Kigyö utca 4–5, liegt das »Jégbüfé«. Dort gibt eine große Auswahl an Gebäck und zur warmen Jahreszeit gutes Eis.

# 75 Das Postmuseum
*Die gute alte Zeit*

Es ist wie eine Reise in die »gute alte Zeit«. Ein alter roter Briefkasten neben dem Eingang dient als Hinweis auf das Postmuseum. Es befindet sich in einem noblen Gebäude mit Portiersloge, in der tatsächlich auch heute noch ein Portier sitzt. Mit dem Fahrstuhl fährt man in die zweite Etage, in der sich das Museum befindet. Dort wird dem Besucher die Garderobe abgenommen und sorgfältig verschlossen, selbst wenn keine anderen Gäste da sind. Und dann beginnt der Ausflug in die Geschichte der Post.

Es hat etwas Nostalgisches. Manchmal kommen einem unweigerlich Filme wie »Ich denke oft an Piroschka« in den Sinn, besonders wenn man vor der alten, hier aufgebauten Poststation steht. Auch die antiquarischen Postkarten verdeutlichen, wie sehr die Zeiten sich geändert haben. Die engagierte Museumswärterin schießt plötzlich und unerwartet eine Rohrpost durch die Röhre und durchbricht damit die Ruhe. Sie lacht, freut sich über interessierte Besucher und stellt über eine alte Fernsprechanlage eine Verbindung her. Man kennt diese Damen aus alten Filmen, wenn sie emsig dabei sind, Telefonverbindungen ein- und auszustöpseln. Im Museum darf auch der Besucher mal auf diese altmodische Art telefonieren.

Das Postmuseum war bis vor einigen Jahren in einer wunderschönen, herrschaftlichen Wohnung in der Andrássy út 3 untergebracht. Man konnte neben den Ausstellungsstücken bewundern, wie Großbürger um 1900 gelebt haben.

Aber auch das Gebäude in der Benczúr utca mit den großen Villen in der Nachbarschaft ist eindrucksvoll. Mit der Sammlung für die Ausstellung wurde bereits 1881 begonnen. Damals rückten die neuen Technologien wie Telefon und Telegrafen immer mehr ins Blickfeld der Öffentlichkeit und gewannen große Bedeutung. Heute zeigt das Museum Gegenstände aus der Geschichte der Post und der Telegrafen, aber auch aus der Radio- und Fernsehgeschichte.

**Adresse** Postamúzeum, Benczúr utca 27, VI. Bezirk, 1068 Budapest, postamuzeum.hu, Tel. +36/1/2696838 oder 3224240 | **ÖPNV** Metro 1 oder Bus 4 bis Bajza utca, ein Stück die Andrássy hoch und dann rechts in die Benczúr utca, dort auf der rechten Seite | **Öffnungszeiten** täglich 10–16 Uhr | **Tipp** Unweit, im Városligeti fasor 12, befindet sich in einer alten Villa das György-Ráth-Museum mit einer Privatsammlung asiatischer Kunst (Di–So 10–18 Uhr). Und vielleicht gelingt es, das Treppenhaus in der Andrássy út 3 zu Gesicht zu bekommen – wunderschön!

# 76 Die Pozsonyi út
*Die Lebensader der neuen Leopoldstadt*

Sie ist die Lebensader einer der nettesten Budapester Nachbarschaften. Nicht dass ihre Gebäude überaus beeindruckend wären oder es die schicksten Geschäfte gäbe. Aber sie verfügt über genau die Mischung, die man sich als Anwohner oder Spaziergänger wünscht. Die Pozsonyi út in der neuen Leopoldstadt eignet sich gut für eine kleine Entdeckungstour.

Gleich am Anfang, noch am Jászai Mari tér 4, gibt es einen winzigen Laden mit Lebkuchen. Er heißt Mézes Kuckó, und man sollte auf das Hinterglasbild über dem kleinen Tresen achten. Einige Schritte weiter, in der Nummer 5, befindet sich ein schöner kleiner Buchladen, dessen Regale bis obenhin mit Lesestoff vollgestellt sind. Im Láng-Téka werden außerdem Lesungen veranstaltet. Gleich nebenan liegt Fromage, ein toller Käse- und Delikatessladen, wenn man es eher herzhaft mag – gute Beratung inklusive. In der Pozsonyi út 11 ist ein Geschäft der ungarischen Keramikfirma Zsolnay untergebracht. Viele bekannte Gebäude der Stadt, wie die farbenprächtigen Dächer des Kunstgewerbemuseums und der Postsparkasse, sind mit den glasierten, schimmernden Majolika-Kacheln dieser Firma verziert. Und im Zsebi in der Hausnummer 22 locken köstliche Käsekuchen, Babka oder würzige Gebäckstangen und wollen am liebsten sofort verzehrt werden. Eine kleine Bank vor dem Schaufenster lädt dazu ein. An Einkehrmöglichkeiten mangelt es in dieser Gegend wahrhaftig nicht.

Wenn man sich für individuelle Geschäfte interessiert, sollte man auf Budapests Straßen die Augen offen halten. Ein etwas altmodischer Schuster ist in der Falk Miksa utca 14 zu finden, und in der Régi posta utca 7, einer Seitenstraße der Váci utca, liegt in einem Hof Budapests einziger Pfeifenladen namens Gallwitz-Pipa. Ein niedlicher Knopfladen gegenüber und ein Hutgeschäft laden ebenfalls zumindest auf einen Blick ins Schaufenster ein. Am besten schnell auf den Weg machen!

**Adresse** Pozsonyi út, XIII. Bezirk, 1039 Budapest | **ÖPNV** Straßenbahn 4 und 6 bis Jászai Mari tér; zur Falk Miksa utca ebenfalls hier aussteigen, nur in die entgegengesetzte Richtung gehen; Régi posta utca: ab Vörösmarty tér zu Fuß die Váci utca entlang, dann rechts in die Régi posta utca | **Tipp** Die Pozsonyi út ist voller Cafés. Das Sarki Fűszeres in der Nummer 53–55 ist ein sehr gutes Deli und Café, im Sommer mit kleiner Terrasse (Mo–Fr 8–20 Uhr, Sa 8–15 Uhr).

# 77 Das Prinz-Eugen-Denkmal

*Warum der Prinz einen so schönen Blick genießen darf*

Napoleon hielt ihn für einen der größten Kriegsherren der Geschichte. Auf jeden Fall nahm er entscheidend Einfluss auf die Geschichte Ungarns. Dass im 17. Jahrhundert die Türken nach beinahe 150 Jahren Besatzung Budapest verlassen mussten, war auch der klugen Strategie des Prinz Eugen von Savoyen zu verdanken. In der Schlacht von Zenta, einer Stadt in Serbien, wurde er zum europäischen Helden. Nach jahrelangen Kämpfen endeten mit dem dortigen Sieg die sogenannten Türkenkriege. Ungarn wurde Teil des habsburgischen Reiches. Damit waren viele im Land zwar später auch nicht so recht zufrieden, aber das ist eine andere Geschichte.

Vor der heutigen Nationalgalerie, dem einstigen Burgpalast, steht an prominenter Position ein Denkmal für Prinz Eugen von Savoyen. Von hier aus kann er die Donau und große Teile der Stadt überblicken. Zu seinen Füßen kauern, ihre Köpfe mit Turbanen bedeckt, die demütigen türkischen Gefangenen. Auf dem Sockel des Denkmals sind Szenen der Schlacht dargestellt. Prinz Eugens Pose wirkt sehr energisch. Er hält die Zügel straff, damit sein Pferd nicht voranprescht.

Das Reiterstandbild wurde 1900 geschaffen und war ursprünglich für die Stadt Zenta vorgesehen. Weil diese aber die Kosten für das neobarocke Standbild seinerzeit nicht aufbringen konnte, wurde es erst einmal vorübergehend vor der Burg aufgestellt. Eigentlich sollte an dieser Stelle eine Statue von Kaiser Franz Joseph errichtet werden. Dazu kam es nicht, und so blickt der berühmte Krieger weiterhin über die Donau. Auf dem Heldenplatz in Wien steht ebenfalls ein Reiterstandbild des Prinzen, der als großer Stratege und Taktiker in die Geschichte einging. Und etwa 45 Kilometer südlich von Budapest liegt auf der Donauinsel Csepel im kleinen Ort Ráckeve sein gleichnamiges ungarisches Schlösschen, das heute als Hotel und Tagungsstätte genutzt wird.

**Adresse** Burgberg, I. Bezirk, 1013 Budapest | **ÖPNV** Bus 16 bis Clark Ádám tér, von dort mit der Zahnradbahn auf den Burgberg; oder über die rechts vom Tunnel gelegene Király lépcső (Königstreppe) | **Tipp** Unweit, in der Nähe der Sikló, ist eine Plastik des ungarischen Turul aufgestellt. Der Turul ist ein berühmtes Fabelwesen, eine Mischung aus Adler und Falke.

# 78 Das »Q«
*Offen für jedermann*

Queenie Rosita Law stammt aus einer äußerst wohlhabenden Familie Hongkongs. Bei einem Besuch in Budapest verliebte sie sich in die Stadt und in die Energie der dortigen Kunstszene. Deshalb entschied sie, einen Raum zu schaffen, der sich den Werken von Künstlern mittel- und osteuropäischer Länder widmet. Ihre Liebe zur Kunst entwickelte Queenie Rosita Law bereits als junger Mensch. Ihr Vater nahm sie nicht nur mit in Museen, sondern ermutigte sie auch, Kunst zu studieren. Sie wurde Studentin am Central Saint Martins College für Kunst und Design in London.

In den Räumen der herrschaftlichen Villa – der Name Q steht für Queenie – hängen seit 2021 Werke von Künstlern aus Kroatien, Rumänien, Ungarn und weiteren Ländern, die sich bis 1989 jenseits des Eisernen Vorhangs befanden. Ihr künstlerischer Ansatz war unausweichlich dem Einfluss eines geteilten Europas unterworfen. Kulturschaffende des damaligen Ostblocks waren in ihren Heimatländern unterschiedlich stark in ihrer Arbeit beeinträchtigt, abhängig davon, wie vehement die freiheitlichen Bestrebungen des Einzelnen vom Regime unterdrückt wurden. Während etwa das einstige Jugoslawien als relativ offen galt, war die Repression in Rumänien besonders stark.

Auch heute sind viele der ausstellenden Künstler trotz der Qualität ihrer Werke viel zu wenig über die Grenzen ihres Landes oder der Region hinaus bekannt. Es gibt jedoch Ausnahmen. So vertrat Márton Nemes, dessen Gemälde stark von Techno-Subkulturen beeinflusst sind, sein Land 2024 auf der Biennale in Venedig. Die in der Villa ebenfalls präsentierte, 1937 geborene Dóra Maurer hatte bereits viele Ausstellungen im In- und Ausland. Auch SubREAL, eine rumänische Künstlervereinigung, konnte nach 1989 schnell internationale Beziehungen knüpfen und ein Jahr im Berliner Kunsthaus Bethanien verbringen. Es ist toll, diese Künstler nun in einem solchen Rahmen zu sehen.

**Adresse** Andrássy út 110, VI. Bezirk, 1062 Budapest | **ÖPNV** Metro 1 bis Bajza utca | **Öffnungszeiten** Mi – Sa 12 – 18 Uhr, Eintritt frei | **Tipp** Werfen Sie einen Blick in die Bajza utca, dort steht eine Reihe schöner Stadtpaläste wie das Lederer-Haus in der Nummer 42 oder das Baruch-Haus in der Nummer 44.

# 79 Das Rigó Jancsi
## *Ein Hort des ungarischen Salzgebäcks*

Rigó Jancsi war ein ungarischer Geiger, der ein aufregendes Leben führte. Der Zigeunerprimas und Tausendsassa traf 1894 die ebenfalls skandalumwitterte amerikanische Millionärstochter Clara Ward und heiratete sie. Wegen der Untreue des Geigenvirtuosen kam es allerdings schon nach zwei Jahren wieder zur Scheidung.

Auf dem Schild des Cafés Rigó Jancsi ist in Erinnerung an den umtriebigen Namensgeber eine Geige zu sehen. Ein kleines Stück vom Déli Pályaudvar (Südbahnhof) entfernt liegt dieses niedliche, altmodische Café. Es hat nur wenige Tische, und man kehrt hier auch nicht unbedingt ein, um sich stundenlang niederzulassen oder sich ausgedehnt mit Freunden zu treffen. Man kommt vorbei, trinkt eine Tasse Kaffee und isst ein Teilchen, und dann geht man wieder. Oder man kauft einfach etwas von den leckeren Spezialitäten der Backstube und verzehrt sie zu Hause – mit oder ohne Besuch von Freunden.

Auf dem vorderen Tresen stehen meist Bleche mit Gebäck, gefüllt mit leckerem Pflaumenmus oder Aprikosenmarmelade. Apropos: Die Aprikosen sind in Ungarn besonders gut, denn das Land hat viel sandigen Boden, den diese Früchte benötigen. Und dann backt man im »Rigó Jancsi« supergute Pogácsa: runde, salzige Gebäckstücke mit Hefe, die in Österreich Pogatschen heißen. Es gibt sie in verschiedenen Varianten, zum Beispiel mit Käse, Speckwürfeln oder als Kartoffelpogatschen. Ein Gebäck, das in Ungarn sehr häufig gegessen wird und sich als Zwischenmahlzeit oder auch als kleiner Snack zum Glas Wein hervorragend eignet.

In der zweiten Vitrine werden dann die Kuchenstücke präsentiert. Und dort findet man auch die gehaltvollen Rigó-Jancsi-Schnitten – sie wurden, schon bevor es das Café gab, nach dem ungarischen Lebemann benannt. Warum, ist allerdings unbekannt. Mit Schokocreme gefüllt und einer Glasur bezogen, sind sie beinahe so verführerisch wie ein geigenspielender Zigeunerprimas …

**Adresse** Böszörményi út 17b, XII. Bezirk, 1126 Budapest | **ÖPNV** Metro 2 bis Déli Pályaudvar, von dort zu Fuß oder zwei Stationen mit der Straßenbahn 59 bis Királyhágo tér | **Öffnungszeiten** Mo–Fr 7–19 Uhr, Sa, So 9–19 Uhr | **Tipp** In der Böszörményi út 44–46 befindet sich ein Café von Szamos, dem bekannten Marzipanhersteller, mit sehr gutem Kuchen und Gebäck.

# 80 Die romantische Treppe
## *Stufenweise auf den Burgberg*

Da sich auf der Budaer Seite der Burgberg erhebt und es unnötige Umwege bedeutete, über Serpentinenstraßen nach oben zu gelangen, entstanden vor Jahren viele Treppen. Sie verbinden die einzelnen Straßen der vor dem Hügel gelegenen Wasserstadt miteinander und führen so direkt zum Ziel. Meist sind die Stufen zumindest an einer Seite flankiert von gusseisernen Geländern und nostalgischen Laternen. Treppauf, treppab ergeben sich Spaziergänge, auf denen es sich immer wieder lohnt, stehen zu bleiben und die Aussicht zu genießen. Immer wieder hat man einen phantastischen Blick auf das Parlament und die Donau. Manchmal ragen außerdem die grünen Türme der Sankt-Anna-Kirche am Batthyány tér noch davor auf und machen das Bild vollkommen.

In der Nähe des Batthyány tér startet eine besonders hübsche Treppenanlage. Den Platz und die dortige ehemalige Markthalle, in der sich heute ein Einkaufszentrum befindet, lässt man rechts liegen und läuft die Frankel utca hinauf. Sie wird dann bald zu einer idyllischen Treppe und ändert auch den Namen in »Ilona lépcső« (lépcső = Treppe). Unterwegs kreuzt man ruhige Wohnstraßen, und an der Ecke zur Hunfalvy utca steht hinter einem grün berankten Zaun eine besonders charmante alte Villa. Heraus kommt man dann oben hinter dem Hilton Hotel. Man kann dem kleinen Weg aber auch immer noch weiter folgen, läuft unterhalb der Fischerbastei entlang und genießt die ganze Zeit die wunderbare Sicht auf das andere Donauufer.

Eine weitere besonders schöne Treppe startet in der Jégverem utca. Sie wird irgendwann zur Hunyadi lépcső und erinnert beinahe ein wenig an die Strudlhofstiege in Wien, nur in kleiner. Die Király lépcső (Königstreppe) nahe vom Clark Adam tér kann man alternativ zur Fahrt mit der Drahtseilbahn ebenfalls hochsteigen. Es gibt noch eine ganze Reihe anderer Treppen zu entdecken, einige sind auch auf den Stadtplänen eingezeichnet.

**Adresse** zum Beispiel Jégverem utca oder Frankel utca, II. Bezirk, 1011 Budapest | **ÖPNV** Metro 2 bis Batthyány tér, von dort circa 10 beziehungsweise 5 Minuten Fußweg | **Tipp** Wieder unten angelangt, kann man den neu angelegten Várkert (Burggarten) besichtigen und auf einer der langen Bänke ausruhen.

# 81 Die Sándor-Márai-Büste
*Bescheidenes Andenken an einen großen Literaten*

Sándor Márai gilt heute als einer der bekanntesten ungarischen Schriftsteller. Geboren wurde er als Sándor Grosschmid 1900 in Kaschau (heute Košice, Slowakei) in der deutschsprachigen Zips. Er beherrschte also Deutsch wie Ungarisch, publizierte ab Ende der 1920er Jahre jedoch fast nur noch in ungarischer Sprache. 1939 änderte er seinen Nachnamen offiziell in Márai. Internationale Anerkennung wurde Sándor Márai spät zuteil. Seine Werke wurden wiederentdeckt, als er sich bereits das Leben genommen hatte. Gemeinsam mit seiner Frau war er 1948 aufgrund des verschärften politischen Klimas in Ungarn ins Exil gegangen. Nach nervenaufreibendem Hin und Her mit Stationen unter anderem in der Schweiz, in Italien und Kanada ließ er sich schließlich in den Vereinigten Staaten nieder. Lange Jahre schlug er sich dort mehr oder weniger erfolglos durch, bis er 1989 den Freitod wählte.

Vor dem Krieg schrieb Márai erfolgreich zumeist in deutscher Sprache für wichtige Zeitungen im In- und Ausland. Erfolg und finanzielle Unabhängigkeit bescherten ihm seine ersten Romane. 1942 erschien dann sein heute weltberühmter Roman »Die Glut«, der über 50 Jahre später auf der Frankfurter Buchmesse wiederentdeckt und zu einem deutschsprachigen Bestseller wurde.

Während seiner Budapester Jahre lebte Márai in der Christinenstadt, die damals wie heute zu den besseren Wohngegenden gehörte. Von hier aus kann man ausgedehnte Spaziergänge hoch in die Budaer Berge oder in die angrenzenden schönen Wohngebiete wie etwa den Rosen- oder Schwabenhügel unternehmen. Sándor Márai, der heute mit Literaturgrößen wie Joseph Roth, Stefan Zweig oder Robert Musil verglichen wird, liebte seine ungarische Heimat über alles und wollte immer nach Ungarn zurück. Heute erinnert eine bescheidene Büste an einem winzigen Platz an der Mikó utca 2 an ihn, denn sein Wohnhaus wurde im Zweiten Weltkrieg zerstört.

**Adresse** Mikó utca 2, I. Bezirk, 1012 Budapest | **ÖPNV** Bus 5 und 956 bis Mikó utca | **Tipp** Ganz in der Nähe von Sándor Márai steht das Denkmal eines weiteren bedeutenden ungarischen Schriftstellers: Babits Mihály im Park Vérmézo (circa 200 Meter entfernt).

# 82 Das Schmidl-Mausoleum
## *Zeugnis nationalen Selbstbewusstseins*

Der jüdische Friedhof an der Kozma-Straße liegt gleich neben dem städtischen Friedhof und wurde 1893 eröffnet. Um diese Zeit stellten Juden in Budapest fast ein Viertel der Stadtbevölkerung. Viele gehörten zum wohlhabenden Bürgertum, und sie begannen das nicht nur in ihren Wohnhäusern, sondern mitunter auch auf dem Friedhof zu demonstrieren. Prächtige Grabstätten entstanden. Ein ganz besonderes Beispiel ist das berühmte Grab der Familie Schmidl. Entworfen wurde es 1903 von den Architekten Ödön Lechner und Béla Lajta. Letzterer war selbst jüdischer Herkunft und hieß zu diesem Zeitpunkt noch Leitersdorfer. Den Namen Lajta nahm er erst einige Jahre später im Zuge der ungarischen Assimilierung an. Das berühmte Schmidl-Mausoleum ist über und über mit blaugrünen Keramikziegeln bedeckt. In seinem Inneren befindet sich ein Mosaik, das den Lebensbaum darstellt.

Auf dem Friedhof befindet sich ein weiteres eindrucksvolles Grab, das Béla Lajta schuf. Es handelt sich um das Grab der Familie Griesz. Leider ist es in keinem guten Zustand, aber man sollte sich unbedingt die Decke im Inneren ansehen. Auch der Boden war einst mit Mosaiken geschmückt. Wenn man genau hinschaut, sind die Abdrücke der Kachelstücke noch zu erkennen. Ein weiteres schönes Grab gehörte der Familie Nathan Wellisch.

Ein Spaziergang über den Friedhof führt durch Alleen mit alten Bäumen, vorbei an weiteren alten Grabstätten, oftmals von Grün überwuchert. Auch Béla Lajta selbst liegt hier begraben, aber sein Grab ist eher unscheinbar.

Die prächtigen Mausoleen befinden sich am äußeren Rand entlang. Die weiße Leichenhalle am Eingang des Friedhofs ist ebenfalls sehenswert. In der Nähe steht auch das Holocaust-Denkmal, das Alfréd Hajós, der Olympiasieger und Architekt des Schwimmbads auf der Margareteninsel, entworfen hat. Dort sind die Namen der unzähligen Opfer zu lesen.

**Adresse** Zsidó Temető (Jüdischer Friedhof), Kozma út 6, X. Bezirk, 1108 Budapest | **ÖPNV** Metro 3 bis Köbanya Kispest, von dort mit Bus 202 E bis Zsidó Temető; oder Straßenbahn 28 und 37 bis Zsidó Temető | **Öffnungszeiten** Ende März–Okt. So–Fr und So 8–16 Uhr, Nov.–März So–Fr 8–15 Uhr | **Tipp** Die Synagoge in der Dohány utca 2 im VII. Bezirk ist die größte Synagoge Europas. In einem Seitenflügel ist das jüdische Museum untergebracht (Mo–Do 10–16.30 Uhr, Fr und So 10–13.30 Uhr, greatsynagogue.hu).

# 83 Der Schmuckladen
## *Außergewöhnliches Design*

»W« wie Wladis ist auf einem Sitzkissen vor der Schmuckgalerie in der Hajós utca 25 zu lesen. Und ein Blick in das Wladis Studio ist empfehlenswert. Mit etwas Glück trifft man den Gründer Péter Vladimir, einen Metalldesigner, der den Laden 1993 eröffnet hat, persönlich. Mit freundlicher Zurückhaltung lässt er dem Besucher Zeit, all seine kleinen Skulpturen, Anhänger, Ketten und Kunstgegenstände aus Metall in Ruhe zu betrachten. In seinen Bart lächelnd, mit einem freundlichem Blick durch die Brille, begleitet er Interessierte durch seine Welt des Schmucks. Es sind einzigartige Gebilde, die auf besonders hübsche Weise präsentiert werden. Oben im Geschäft befindet sich eine Galerie. Dort sitzen fleißige Schmuckdesigner bei ihrer Arbeit. Häufig sind es Unikate, zuweilen echte Statements, die hier entstehen. Kirschen, Köpfe, Delphine, Pferde, Kugeln, Skulpturen und zierliche Dosen werden in Silber hergestellt, manchmal mit Bergkristallen verziert. In gläsernen Schmuckvitrinen befinden sich Figuren, Tiere oder symmetrische Gebilde. Ein antiker Verkaufstresen, Bilder und die unterschiedlichsten Ausstellungsobjekte faszinieren augenblicklich den Betrachter.

Lange Zeit hat der Schmuckdesigner sein Wissen und Können als Universitätsprofessor an der Moholy-Nagy University of Art and Design in Budapest an junge Menschen weitergegeben. Dann entschied er sich, seine Schmuckstücke der Öffentlichkeit anzubieten. Für seinen Schmuckladen entwarf er einen besonderen Vogel, der heute das Markenzeichen seiner Kreationen ist.

Der 1947 in Budapest geborene Péter Vladimir stammt aus einer Künstlerfamilie. Er studierte Design und Goldschmiedekunst, forschte und lehrte mit Schwerpunkten wie Metallgestaltung oder Münzprägung und präsentierte seine Werke in Einzelausstellungen, etwa in der Ungarischen Nationalgalerie. Seine Arbeiten sind preisgekrönt und befinden sich in privaten und öffentlichen Sammlungen. Es gibt auch einen Webshop!

**Adresse** Wladis Galéria, Hajós utca 25, VI. Bezirk, 1065 Budapest, Tel. +36/1/3540834 oder +36/20/2941670; wladisgaleria.hu | **ÖPNV** Metro 1 bis Opera, rechts neben der Oper geht es in die Hajós utca. Der Schmuckladen befindet sich auf der rechten Seite. | **Tipp** Nicht weit entfernt (Ecke Hajós-/Zichy-Straße) befand sich einst das Café Napoleon. Es war nach dem französischen Staatspräsidenten Napoleon III., einem Neffen des berühmten Napoleon Bonaparte, benannt. Als die Kneipe einem Mietshaus weichen musste, ließ der ahnungslose Besitzer eine Napoleon-Statue in einer Nische an der Fassade aufstellen. Sie stellt aber Napoleon I. dar, und so kam Budapest zu seiner einzigen Napoleon-Statue.

# 84 _ Das Schokoladengeschäft
*Süßes für Puristen*

Das kleine feine Geschäft befindet sich seit einiger Zeit im Párizsi Udvar (Pariser Hof), direkt neben dem Eingang zum Hyatt-Hotel. Ein gut gewählter Standort – haben Hotelgäste so doch gleich die Möglichkeit, hübsch verpackte Mitbringsel mit köstlichem Inhalt zu erstehen. »Rózsavölgyi« existiert bereits seit 20 Jahren. Katalin Csiszár und ihr Mann Zsolt Szabad begannen 2004 Schokolade herzustellen.

Ihre Kakaobohnen stammen von Züchtern in Venezuela, aus den nebelverhangenen Bergen im Norden Nicaraguas und von Kaffeeplantagen nahe des Malawisees in Tansania. Oft sind es kleine Farmen, auf denen die feinen Samen des Kakaobaumes geerntet und dann in Holzkisten verpackt werden. Während der Verarbeitung werden sie bei Rózsavölgyi nur ganz sanft geröstet, um ihre feinen Geschmacksnoten möglichst gut zu erhalten. Hinzugefügt werden lediglich biologischer Rohrzucker und etwas Kakaobutter.

Nicht nur die anspruchsvolle Herstellung, auch das Aussehen der Schokolade selbst ist kunstvoll. Die Muster auf den Tafeln sind nach dem Design alter Ofenkacheln gestaltet, die Verpackungen schlichtweg wunderschön. Großer Wert wird darauf gelegt, dass kein Plastik, sondern ausschließlich Papier und Pergament zum Verpacken verwendet werden. Fast alle Schokoladensorten haben einen hohen Kakaogehalt, manche sogar bis zu 95 oder 100 Prozent, von Früchten verschiedenster Provenienz. Für die »Whole Ground«-Schokolade wird die Kakaobohne mit Schale und Fruchtfleisch verarbeitet. Das sorgt für volles Aroma und viel Ballaststoffe und Mineralien. Für so manchen ist der Geschmack einer puren Schokolade eine kleine Überraschung. In Expertenkreisen hat sich die Manufaktur längst einen Ruf erarbeitet und bereits einige Preise gewonnen. Neben Schokoladentafeln gibt es besonders hübsch verpackte Trinkschokolade, Pralinen oder sogenannte »Schnurrbärte« mit Bergamotte- oder Zitronengeschmack.

**Adresse** Petőfi Sándor utca 2–4, V. Bezirk, 1052 Budapest | **ÖPNV** Metro 3 bis zum Ferenciek tere, das Geschäft befindet sich kurz hinter der Ecke zur Szabad Sajto út | **Öffnungszeiten** Mo–Fr 10.30–13 und 13.30–18.30 Uhr, Sa 12–18 Uhr | **Tipp** Werfen Sie einen Blick auf das Gebäude am Szervita tér 5. Es wurde wie die Schule (siehe Ort 87) von Béla Lajta gestaltet, was gut an den folkloristischen Elementen zu erkennen ist.

# 85 Die Schuhe an der Donau
*Stille Verzweiflung*

Da stehen plötzlich Schuhe aus Metall am Donauufer. Sie befinden sich in Pest südlich des Parlaments und sehen aus, als wären sie erst vor kurzer Zeit abgestellt worden. Aber sie sollen daran erinnern, dass unzählige Juden hier bei eisiger Kälte in die Donau getrieben wurden und so umkamen. Da stehen ausgetretene Latschen und kleine Kinderschuhe, Halbstiefel, Pumps und Hausschuhe. Das sieht so menschlich und alltäglich aus, und dahinter steckt doch eine so bittere Geschichte.

Genau das haben die Künstler Gyula Pauer und Can Togay gewollt. 60 Paar Schuhe stellten sie auf. Ihr Denkmal sollte anders sein als andere Holocaust-Denkmale, nicht so offensichtlich, sondern still erinnern. Es erzählt von den Pfeilkreuzlern (der nationalsozialistischen Bewegung in Ungarn), die in Budapest ihr Unwesen trieben und unzählige Juden in den Tod schickten. Nach dem Abzug der Deutschen im Oktober 1944 kamen sie an die Macht und verfolgten viele jüdische Mitbürger, demütigten sie und brachten sie um. In langen Reihen mussten sich die Menschen an der Donau aufstellen, um schließlich erschossen zu werden. Ein Beispiel ist die Geschichte des 67-jährigen Illés Mónus, eines Nazigegners und Sozialdemokraten jüdischer Herkunft. Ihm zur Erinnerung wurde nach dem Zweiten Weltkrieg ein Teil der Uferstraße benannt. Das gefiel dem kommunistischen Regime jedoch nicht, und der Straßenname wurde wieder geändert. Der Mann hatte sich gegen alle Unterdrücker gestellt – und die gab es auch bei den Stalinisten.

An der Donau sollen bis zu 10.000 Juden erschossen und ertränkt worden sein. Wie verzweifelt diese Menschen gewesen sein müssen und welche Angst sie ausgestanden haben, das lässt sich nur erahnen. Das Denkmal wurde am 16. April 2005 eingeweiht und erinnert an die Ermordeten. Hinweisen soll es aber auch auf Rettungsaktionen einiger Ungarn, die versuchten, ihren jüdischen Mitbürgern zu helfen.

**Adresse** Id. Antall József rakpart, V. Bezirk, 1054 Budapest | **ÖPNV** Metro 2 oder Straßenbahn 2 bis Kossuth Lajos tér | **Tipp** Hinter der Großen Synagoge in der Dohány utca steht ein weiteres Mahnmal für die ungarischen Juden, das Imre Varga geschaffen hat.

# 86 — Der Schuhladen
*Echte Budapester nach Maß von Herrn Vass*

Im Laden von Herrn Vass werden Schuhe verkauft. Ein sehr beliebtes Modell ist der »Budapester«. Diesen Schuh zeichnet eine spezielle Leistenform aus, sie ist breit und relativ gerade. Er hat eine etwas höhere Spitze und die typische Lochverzierung. Der Budapester, das ist ein Schuh, den man fürs Leben kauft. Er hat seinen Preis, ist aber bei guter Pflege unverwüstlich. Neben dem Budapester gibt es unter anderem die Modelle »Alt Wien« und »Theresianer«, »Oxford« oder »Wholecut«. Man betritt eine Welt, die mit ihrer Vielfältigkeit und Qualität vor allen Dingen den Laien überraschen mag.

Das erste Geschäft der Firma Vass, das nun seit beinahe 40 Jahren besteht, ist nicht viel größer als ein Schuhkarton. Wer für längere Zeit in der Stadt weilt, der kann genau Maß nehmen lassen. Und zwar in den Vormittagsstunden, denn zu dieser Zeit sind die Füße dazu am besten geeignet. Hat man sich für ein Modell entschieden, gilt es, Farbe und Art des Leders auszuwählen.

Und, nun gut, ein bisschen Geld sollte man auch in der Tasche haben. Nach etwa sechs Wochen sind die Schuhe fertig und können abgeholt werden. Selbstverständlich findet dann nochmals eine Anprobe statt. Drei Jahre lang werden dann die persönlichen Leisten aufbewahrt, sodass ein Schuh unkompliziert nachbestellt werden kann.

Im Geschäft gibt es aber auch bereits fertige Modelle zu kaufen. Sie sind ebenfalls handgenäht. Vor einigen Jahren eröffnete ein zweiter Laden in der Haris köz utca, nur einige Häuser weiter. Er ist nicht mehr ganz so klein und sieht schlicht und elegant aus. Es ist nicht zu übersehen, dass die Qualität der Schuhe von Laszlo Vass eine Erfolgsgeschichte schreiben. Menschen aus der ganzen Welt kaufen bei ihm ein. Herr Vass ist außerdem ein leidenschaftlicher Kunstsammler und hat in Veszprém eigens ein Museum gegründet, in dem seine Sammlung gezeigt wird.

**Adresse** Haris köz 2 und 6 (geht von der Váci utca ab), V. Bezirk, 1052 Budapest, Tel. +36/1/3182375, vass-shoes.com | **ÖPNV** Metro 3 bis Ferenciek tere, von dort wenige Minuten zu Fuß | **Öffnungszeiten** Mo–Fr 10–18 Uhr, Sa 10–16 Uhr | **Tipp** Handgefertigte Schuhe gibt es außerdem bei Rozsnayai in der Haris köz 3, Infos unter rozsnyaishoes.com. Und werfen Sie einen Blick auf die besonderen Gebäude am Szervita tér. Den Giebel der Hausnummer 3 ziert ein wunderschönes Mosaik.

# 87 _ Die Schule von Béla Lajta
*Wo weise Eulen den Eingang bewachen*

Diese Schule ist ein echtes Architekturjuwel! Eine Reihe der Details, die sie dazu machen, ist im Inneren des Gebäudes zu entdecken. Um all das zu Gesicht zu bekommen, muss man sich allerdings am Hausmeister vorbeimogeln. Am besten gelingt es morgens, wenn die Schüler kommen. Oder man versucht es mit viel Höflichkeit und etwas Charme!

Der Architekt der Handelsschule im VIII. Bezirk heißt Béla Lajta. Er hat auch, zusammen mit Ödön Lechner, das berühmte Mausoleum für die Familie Schmidl (siehe Ort 82) entworfen. Er wurde nur 47 Jahre alt, hat aber viele Gebäude in Budapest sowie eine Reihe von Grabstätten auf den jüdischen Friedhöfen geschaffen. Im Laufe der Jahre entwickelte Béla Lajta einen ganz eigenen Stil. Die Formensprache seiner Architektur ist nicht ausufernd und blumig, sondern lehnt sich eher an Wiener Sezession und Art déco an. An der Handelsschule im VIII. Bezirk ist das gut zu erkennen. Sie ist ganz aus dunkelrotem Backstein gebaut. Die Vorderseite wird von fünf Säulen, die bis unter das Dach streben, aufgelockert sowie durch vertikale Pfeiler, die jeweils mit einer Eule, dem Symbol für Weisheit, gekrönt sind. In den reichen Verzierungen an der Fassade sind bei genauerem Hinsehen Lokomotiven und Schiffe zu erkennen, Symbole für den Handel. Über der Tür des Haupteingangs stehen in großen Buchstaben die Worte »non scholae, sed vitae discimus« geschrieben. Die Tür ist über und über mit Metall beschlagen, in das viele Muster und Motive eingearbeitet wurden.

Im Inneren der Handelsschule kann man den Fußboden und die Wandkacheln bewundern. An den Treppenaufgängen sind große Art-déco-Lampen installiert. Die Türen zu den Klassenzimmern und Toiletten sind grünblau gestrichen und mit hübschen folkloristischen Mustern verziert. Eine wirkliche Entdeckung! Ein weiteres herausragendes Bauwerk von Béla Lajta ist das Neue Theater in der Paulay Ede utca.

**Adresse** Vas utca 9–11, VIII. Bezirk, 1088 Budapest (Neues Theater / Uj Színház, Paulay Ede utca 35, VI. Bezirk, 1061 Budapest) | **ÖPNV** Metro 2 bis Blaha Lujza tér, von dort knappe zehn Minuten zu Fuß | **Tipp** Nicht weit vom Blaha Lujza tér entfernt liegt der »Keleti Pu«, der Ostbahnhof. Er wurde 1884 im Stil der Neorenaissance fertiggestellt und ist ebenfalls ein imposanter Bau. Im »VAJ« am Rákóczi tér gibt es zur Stärkung sehr guten Café und viele Backwaren.

# 88 Das Semmelweis-Museum
*Retter der Mütter*

Als »Retter der Mütter« ging er in die Geschichte ein. Orte, die an Ignaz Philipp Semmelweis (1818–1865) erinnern, gibt es in Budapest einige: Da ist die Universität für medizinische Fächer und Sport, die seinen Namen trägt, ein Semmelweis-Denkmal vor dem alten Krankenhaus Rókus kórház oder sein Grabmal auf dem Kerepesi temető (Friedhof). Und nicht zu vergessen das frühere Wohnhaus der Familie, in dem heute das Semmelweis-Museum untergebracht ist.

Es liegt unterhalb des Burgbergs und zeigt Entwicklungen in der Medizin anhand einiger interessanter Exponate bis hin zu wechselnden Sonderausstellungen. Im Museum ticken die Uhren noch ganz langsam: Die Kassiererin schreibt die Eintrittspreise einzeln auf, rechnet sie fein säuberlich zusammen und stellt dann eine Quittung aus. Die Aufseher scheinen etwas skeptisch, aber schon ein »jò napot« kann das Eis brechen, und sie versuchen, alte Gegenstände oder Arztstühle zu erläutern.

Semmelweis wuchs in diesem Haus auf, studierte Medizin, ging nach Wien und untersuchte dort die Zusammenhänge zwischen Kindbettfieber und Bakterien. Er führte das damals häufig auftretende Fieber auf die mangelnde Hygiene zurück. Dazu zählten schmutzige Hände genauso wie unreine Instrumente und Verbandszeug. Er wollte neue Vorschriften einführen und forderte seine Kollegen auf, Hände und Geräte vor jeder Behandlung zu desinfizieren. Damit machte er sich unbeliebt, und lange Zeit blieben seine Erkenntnisse umstritten. Er verärgerte seine Kollegen so sehr, dass er Wien schließlich verlassen musste. Zurück in seiner Heimat wurde er Chefarzt am Rókus-Krankenhaus (später lehrte er an der Medizinischen Universität). In Budapest stritt er heftig weiter und wurde schließlich ohne wirkliche Diagnose in die Landesirrenanstalt eingeliefert, in der er bereits zwei Jahr später unter ungeklärten Umständen verstarb.

**Adresse** Semmelweis Orvostörténeti Múzeum, Apród utca 1–3, I. Bezirk, 1013 Budapest, Tel. +36/1/2011577, semmelweismuseum.hu | **ÖPNV** Straßenbahn 19 oder 41 bis Döbrentei tér oder Bus 86 bis Ybl Miklós tér | **Öffnungszeiten** Di–So 10–18 Uhr | **Tipp** Unter dem Burgberg befindet sich das Felsenkrankenhaus. Die Höhlen dienten lange als Weinlager, wurden während des Zweiten Weltkriegs zum Krankenhaus ausgebaut und können heute besichtigt werden. Der Eingang befindet sich in der Lovas út 4 (Rückseite des Burgbergs und oberhalb des Südbahnhofs).

# 89 Der singende Brunnen
## *Wassermusik auf der Margareteninsel*

Im Grunde ist es seltsam, dass er nicht häufiger hervorgehoben wird. Denn hier am Brunnen treffen sich immer viele Leute, sitzen auf der Wiese oder auf den Bänken rundherum, fangen an zu tanzen oder summen mit. Alle freuen sich über die Musik und die Wasserfontänen dazu. Am schönsten ist es, zu beobachten, wenn am Morgen Kindergartengruppen oder Grundschulklassen vorbeikommen. Ihr Spaß und ihre überschwängliche Freude sind einfach mitreißend.

Die Margareteninsel ist *das* Naherholungsgebiet der Stadt. Hier kann man auf der Tartanbahn, die einmal rund um die Insel führt, laufen gehen (eine Runde sind gut fünf Kilometer), und es gibt zwei Schwimmbäder. Außerdem befindet sich am Anfang der Insel ein Verleih kleiner Wägelchen (Bringóhintó), die per Pedal betrieben werden und sich bei Familien großer Beliebtheit erfreuen. Und dann natürlich: Wiesen, Bäume und Blumen und viele Bänke, auf denen man sich zu einer Pause niederlassen kann. Die gesamte Insel ist autofrei. Nur von der Arpádhíd aus ist es möglich, mit dem Pkw bis auf den Parkplatz beim Grand- und Thermalhotel zu fahren. Seit einiger Zeit gibt es Golf-Carts, und ein öffentlicher Bus verkehrt auf der Insel.

Der »singende Brunnen« existiert schon seit 1962, und seine Wasserfontänen werden zum Rhythmus der Musik erzeugt. Dabei erreichen sie eine Höhe von bis zu 25 Metern. Der Durchmesser des Brunnens beträgt 35 Meter, und er enthält etwa 400 Kubikmeter Wasser. Vor einiger Zeit wurden viele Einrichtungen auf der Margareteninsel generalüberholt. Auch der Musikbrunnen wurde saniert. Seitdem erklingen nicht nur klassische Melodien wie die »Ungarischen Tänze« von Brahms, Stücke von Verdi oder Johann Strauss, sondern auch Musik von den Rolling Stones oder Simon & Garfunkel wurde ins Repertoire aufgenommen. Abends in der Dunkelheit finden nun außerdem Lightshows statt, um die Besucher zu erfreuen.

**Adresse** Margareteninsel (Margitsziget), VIII. Bezirk, 1138 Budapest | **ÖPNV** Straßenbahn 4 oder 6 bis zur Mitte der Margaretenbrücke, von dort aus zu Fuß auf die Insel; Bus 26 fährt direkt auf die Insel, dort gleich vorne am Eingang aussteigen | **Öffnungszeiten** Mai – Okt., um 10.30 Uhr beginnt das erste Musikprogramm, abends um 18 und 21 Uhr wird das gesamte Musikrepertoire gespielt | **Tipp** Ziemlich am Ende der Insel, kurz hinter dem japanischen Garten, steht der Bodor-Musikbrunnen, der seit einiger Zeit wieder zu jeder vollen Stunde erklingt. Der Neptun auf dem Dach hält sein Gesicht stets in Richtung Sonne.

# 90 Der Strudelstand
*Süß und sauer, herzhaft und köstlich*

Krautstrudel, Spinatstrudel, Sauerkirschstrudel, Apfelstrudel, Topfenstrudel, Aprikosen-, Wallnuss- und nicht zu vergessen Mohnstrudel … So ließe sich die Reihe noch eine ganze Weile lang fortsetzen, denn den guten Strudelteig kann man mit so vielen köstlichen Dingen füllen. In der großen Markthalle tut man es, hier werden all die leckeren Strudel jeden Tag aufs Neue zubereitet. Man kann sogar dabei zuschauen, wie der schöne dünne Teig ausgezogen, bestrichen und gefüllt wird. Es heißt, das ungarische Mehl eigne sich besonders gut zum Teigausziehen und dass der Strudel anders schmecke als in Österreich. Ob das stimmt, muss natürlich eingehend überprüft werden!

Den kleinen Eckstand in der großen Markthalle gibt es nun schon seit einigen Jahren, und er ist bei Einheimischen wie Touristen gleichermaßen beliebt. Wo der Strudel eigentlich das erste Mal gebacken wurde, das weiß keiner so genau. War es im großen Reich der Habsburger, oder haben die Türken ihn einst hergebracht? Fest steht: »Dein Strudelteig ist erst gut, wenn du von einem semmelgroßen Laibchen einen Husaren samt Ross in Teig einwickeln kannst.« So zumindest steht es in einem alten ungarischen Kochbuch geschrieben. In der Markthalle wird der Strudel meisterhaft zubereitet, und bei der riesigen Auswahl ist ganz bestimmt für jeden Geschmack etwas dabei.

Eine weitere kleine Sensation, die man sich keinesfalls entgehen lassen sollte, sind die Stände im Keller der Markthalle, die sauer eingelegte Paprika, Gurken, Kraut oder Zwiebeln anbieten. Das Ganze wird meist in großen Einweckgläsern bunt geschichtet und mit kleinen karierten Stoffläppchen um den Deckel verschlossen. Manchmal werden auch sorgfältig Gesichter in die Gläser gelegt: ein Stück Paprika als Mund und dunkle Wacholderbeeren als Augen. Eine sehr farbenfrohe Angelegenheit, die man auf keinen Fall versäumen darf!

**Adresse** Große Markthalle am Fővám tér, IX. Bezirk, 1093 Budapest | **ÖPNV** Straßenbahn 2, 47 oder 49 bis Fővám tér, wenn man die Halle durch den mittleren Eingang betritt, liegt der Stand ungefähr in der Mitte des zentralen Gangs | **Öffnungszeiten** Mo 6–17 Uhr, Di–Fr 6–18 Uhr, Sa 6–14 Uhr | **Tipp** In der ersten Etage gibt es einen Handarbeitsstand mit schönen Taschen aus Filz, die mit bunten ungarischen Mustern und Motiven wie Gockeln, Figuren oder Herzen verziert sind und sich ideal als Mitbringsel eignen.

# 91 Der Szabadság tér
*Ein wunderschöner Platz mit viel Symbolik*

Er gehört zweifelsohne zu den schönsten und eindrucksvollsten Plätzen der Stadt und liegt gleich um die Ecke des ungarischen Parlaments. Dennoch ist der »Freiheitsplatz« eine Sehenswürdigkeit, auf die man eher zufällig stößt. Umgeben ist er von imposanten Gebäuden, die ein in sich geschlossenes, ganz besonderes Architektur-Ensemble bilden. Autos dürfen hier nicht fahren, was natürlich die gediegene Atmosphäre unterstreicht. Auf dem Szabadság tér kann man schlendern, sich auf eine der vielen Bänke setzen und den Angestellten der umgebenden Büros und Banken dabei zusehen, wie sie zu ihren Arbeitsplätzen eilen. Es gibt hier zwei bei schönem Wetter immer gut besuchte Spielplätze, und in der Mitte liegt ein kleines Café.

Der Platz ist in Form eines Hufeisens angelegt, wobei seine Öffnung in Richtung Zentrum zeigt. Betritt man ihn von dort, liegt zur Rechten die ungarische Nationalbank und direkt gegenüber ein großer Palast, in dem ursprünglich die ungarische Börse untergebracht war. Hier unten, an der Öffnung des Hufeisens, wurde 2014 das sogenannte »Besetzungsdenkmal« errichtet, das für Wirbel sorgte. Der deutsche Reichsadler stürzt sich auf den Erzengel Gabriel, der das wehrlose Ungarn verkörpert. Schon die Machart ist ausgesprochen rückwärtsgewandt und die Sichtweise dazu ein wenig »merkwürdig«.

Beinahe am oberen Ende des Platzes liegt rechts die amerikanische Botschaft, gut zu erkennen an der Menschenschlange, die sich hier wochentags meist vor allem während der Bürozeiten vor der Absperrung bildet. Eine Skulptur des ehemaligen amerikanischen Präsidenten Ronald Reagan, die vor einigen Jahren auf Höhe der Vécsey utca enthüllt wurde, sieht aus, als befände sich dieser gerade auf dem Weg dorthin. Und dann ist da noch das Denkmal, das an die Befreiung durch die Rote Armee am Ende des Zweiten Weltkriegs erinnert. Auf seiner Spitze prangt ein goldener Stern. Unbedingt ansehen!

**Adresse** Szabadság tér, V. Bezirk, 1054 Budapest | **ÖPNV** Metro 2 bis Kossuth Lajos tér oder Metro 3 bis Arany János utca | **Tipp** Gleich um die Ecke befindet sich die von Ödön Lechner entworfene Postsparkasse, ein weiteres Highlight der Stadt. In der Hold utca gleich nebenan befindet sich die Dachbar »Intermezzo«. Von dort aus hat man am Abend einen traumhaften Blick über das bunte Dach der Postsparkasse bis hin zum Parlament.

# 92 Der Szent-István-Park
*Spaziergang mit Aussicht*

Der Szent-István-Park ist ein toll angelegter kleiner Stadtpark mit herrlichem Blick auf die Budaer Berge und die Donau. Von Weitem sieht man die Jogger auf der Margareteninsel ihre Runden drehen. Es herrscht eine angenehme und familiäre Atmosphäre. Mütter oder Großmütter sitzen morgens gern auf einer der Bänke in der Sonne und schieben die Kinderwagen an ihrer Seite hin und her. Ein Zaun umgibt das Gelände, sodass auch die ersten Radfahrversuche der Kleinen ganz ohne Stress unternommen werden können. Im Laufe des Tages kommen viele, gehen spazieren und lassen sich zum Picknick oder einfach nur zum Faulenzen auf den Grünflächen nieder.

Der Park hat in etwa die Form einer breiten Pyramide. Zum Ufer der Donau hin wird er immer ausladender, während der schmalere Teil, die Pyramidenspitze sozusagen, oben an der Hollán-Ernő utca endet. Als der Park angelegt wurde, wurden die Gebäude ringsherum seiner Form angepasst und nicht umgekehrt, was eine seltene Ausnahme bildet. Entstanden ist die Anlage in den 1930er Jahren, als auch die Wohnblocks des »Neue Leopoldstadt« (Újlipótváros) genannten Viertels errichtet wurden. Dort, wo sich zur Pozsonyi út hin das Eingangstor befindet, stehen zu beiden Seiten Pavillons. Es gibt ein Wasserbecken mit einer kleinen Brücke darüber, und die zahlreichen Beete werden regelmäßig hübsch bepflanzt. Einige Denkmäler sind ebenfalls zu bewundern, und während der Sommermonate werden Konzerte organisiert.

Die Pozsonyi út, die am Park entlangführt, gilt als das Herz des Viertels. Es gibt viele kleine Läden, Bäckereien und Cafés. Noch immer kann man etwas von dem mondänen Flair spüren, das die Gegend früher ausmachte, und es hat den Anschein, dass sich auch heute wieder die junge und besser verdienende Schicht von der Neuen Leopoldstadt angezogen fühlt. Mittlerweile zählt sie zu den teuersten Vierteln der Stadt.

**Adresse** Pozsonyi út, VIII. Bezirk, 1137 Budapest, ungefähr auf Höhe der Hausnummer 30 beginnt der Park | **ÖPNV** Straßenbahn 2, 4 oder 6 bis Jászai Mari tér, dort beginnt die Pozsonyi út | **Tipp** Im Park in der Nähe des Donauufers befindet sich eine Statue für den schwedischen Diplomaten Raoul Wallenberg, der vielen ungarischen Juden das Leben rettete.

# 93 Der Szimpla's Market
## *Sonntagseinkauf in der Ruinenbar*

Das »Szimpla Kert« (Simpler Garten) gilt als erste und populärste Ruinenbar der Stadt Budapest (siehe Ort 49). Mit dieser Institution zog 2001 frischer Wind in die alten Gebäude des heute so beliebten jüdischen Viertels. Seit einiger Zeit wird in dieser Bar im VII. Bezirk aber nicht mehr nur getrunken und gegessen, sondern es findet jeden Sonntag ein Markt statt. Ein Besuch lohnt nicht nur, wenn man Produkte aus der Region kaufen möchte, sondern auch die außergewöhnliche Location mit ihren bunten Dekorationen ist sehenswert. Eigenwillige Lampenkonstruktionen oder Räder hängen von der Decke, und bunt bemalte Stühle kleben an den Wänden. Es hat etwas von einem Trödelmarkt im Hinterhof. Eine Mischung aus Abbruchstimmung und Aufschwungseuphorie vom alten Budapest in eine junge, moderne Zeit ist zu spüren. Verantwortlich für die inzwischen zahlreichen Szimpla's-Projekte sind vier ehemalige Studienkollegen. Und Szimpla gibt es heute auch in Berlin.

Der Markt erfreut sich solcher Beliebtheit, weil es eine große Auswahl an lokalen Spezialitäten zu kaufen gibt: unterschiedliche Salamisorten, eingelegtes Gemüse, zahlreiche Dips, Aufstriche und Saucen, Bio-Brot und -Brötchen, frischen Ziegen- oder Räucherkäse, Gemüse- und Obstsäfte und vieles mehr. Und die Anbieter kommen aus der Umgebung. Die Stände sind hübsch mit karierten Decken dekoriert, daneben werden bunte Schirme aufgespannt. Hier lernt man das eher alternative Budapest kennen und unterstützt zudem noch die ungarischen Bauern. Bei vielen Einheimischen ist der Szimpla's Farmer Market schon zur Institution geworden.

Es macht Spaß, am Sonntagmorgen durch das jüdische Viertel zu spazieren und sich der Atmosphäre des Marktes hinzugeben, der bis zum Nachmittag geöffnet ist. Hoffentlich bleibt diese so bunte Einrichtung erhalten und gewinnt noch viele Besucher und Arbeiter!

**Adresse** Szimpla's Farmer Market, Kazinczy utca 14, VII. Bezirk, 1075 Budapest | **ÖPNV** Bus 74 bis Nagy Diófa utca, auf der Dohàny utca weiter bis zur nächsten Straße rechts in die Kazinczy utca | **Öffnungszeiten** So 9–14 Uhr | **Tipp** Im Madhouse in der Anker köz 1 findet saisonal der Kiskertpiac statt, dort finden Pflanzenfreunde Grünes und Blühendes. Info unter facebook.com/kiskertpiac.

# 94 Das Terminal
*Rund um den Erzsébet tér*

Der Erzsébet tér ist ein zentraler Platz in Budapest, der Tag und Nacht belebt ist. Seinen Namen verdankt er der in Ungarn besonders beliebten Kaiserin Sisi, der Frau des habsburgischen Kaisers Franz Joseph. Zwischendurch wurde er in Stalin- und Engels-Platz umbenannt, seit 1990 darf er wieder Elisabeth-Platz heißen. Ein architektonisch interessantes Gebäude teilt seine Fläche in zwei Abschnitte. Es erinnert ein wenig an eine Stadiontribüne, könnte sich aber auch um ein Messegebäude aus den 1950er Jahren handeln. Aus dieser Zeit stammt es, und entworfen wurde es von dem ungarischen Architekten István Nyiri. Errichtet aus Beton, wurden funktionalistische Stilelemente mit Einflüssen des Bauhauses kombiniert. Viele Jahre gab es an ebendieser Stelle das Terminal, den zentralen Busbahnhof der Stadt. Um einen Eindruck zu gewinnen, lohnt sich ein Blick ins Innere. Hier befindet sich heute unter anderem das beliebte Lokal Fröccsteraz. Fröccs ist ein in Ungarn populäres Sommergetränk. Bei dieser Weinschorle spielt das Sodawasser die entscheidende Rolle. Es wird aus Siphonflaschen mit starkem Druck in den Wein gespritzt, weshalb das Resultat in Österreich auch »Gespritzter« genannt wird. Zum Lokal gehört außerdem eine weitläufige Terrasse, die bei schönem Wetter immer gut besucht ist.

Das Erscheinungsbild des Erzsébet tér hat sich in den letzten Jahren immer wieder gewandelt. Lange Zeit war der wunderschöne Danubius-Brunnen im alten Teil des Platzes die Hauptattraktion. Mit der Zeit entstanden neue Grünflächen, ein Skatepark, und besonderer Beliebtheit erfreut sich heute im Sommer ein großes Wasserbecken in Richtung Bajczy Zsilinszky út. Dann sitzen zahlreiche junge Leute auf den hellen Steinen rundherum und lassen ihre Füße zur Erfrischung im kühlen Nass baumeln. Seit 2017 gibt es die Möglichkeit, im Riesenrad »Budapest Eye« die Stadt aus der Höhe zu betrachten.

**Adresse** Erzsébet tér 11, V. Bezirk 1051, Budapest, Tel. +36/30/4195040 | **ÖPNV** Metro 1, 2 oder 3 bis Deák Ferenc tér und dann direkt auf den Erzsébet tér gegenüber | **Öffnungszeiten** Fröccsteraz täglich 11 – 5 Uhr, | **Tipp** Auf der Budaer Seite, am Döbrentei tér (Auffahrt zur Elisabeth-Brücke), steht eine der schönsten Bronzefiguren von Sisi, die 1867zur Königin von Ungarn gekrönt wurde.

# 95 Das Textilmuseum
*Familien- und Industriegeschichte*

Ein Muster am Boden weist den Weg durch die Sammlung des Textilmuseums. Wie ein Textilband zieht es sich durch die Räume, in denen nicht nur die Geschichte der ungarischen Textilindustrie, sondern auch jene der Familie Buday-Goldberger dargestellt wird. Denn die Familie gehörte zu den einflussreichsten Industrie-Dynastien des Landes. Ferenc Goldberger begann um 1784 mit dem Textilhandel. Bald folgte eine Blaufärberei, in der Stoffe bedruckt wurden (Details dazu finden sich im ersten Raum der Ausstellung). Unter seinem Sohn Samuel begann mit Hilfe von Dampfmaschinen der Aufbau eines Industrieunternehmens. Kaiserin Sisi soll der Familie wegen ihres Engagements im ungarischen Aufstand 1848 – sie unterstützten die Armee mit Uniformen – persönlich die Botschaft von der Verleihung des Adelstitels Buday überbracht haben. Zu dieser Zeit führte die Witwe Samuels bereits das Unternehmen.

Leó Goldberger setzte die Arbeit erfolgreich mit neuen Materialien, Maschinen und der Einführung von Modeschauen fort und verschaffte dem Unternehmen Ansehen in ganz Europa. Obwohl er im ungarischen Parlament saß, Berater der Ungarischen Bank war und weitere wichtige Posten innehatte, wurde er von den Nazis deportiert. Anderen Familienmitgliedern gelang die Emigration. Das Unternehmen wurde nach dem Krieg verstaatlicht und unter dem Namen Budaprint weitergeführt, bis es 1989 endgültig schließen musste.

Das Museum zeigt eindrucksvoll die Entwicklungsstufen der Textilindustrie, Produktionsmöglichkeiten, Maschinen, Werkzeuge, Textilmuster und schließlich fertige Kleidungsstücke. Ein großer Raum mit Musterbüchern, Farben und bedruckten Stoffen lässt einen in die bunte und vielfältige Welt der Textilien eintauchen. Aber auch die diversen präsentierten Modestile nehmen den Besucher mit auf eine Zeitreise. Zahlreiche Fotos vermitteln zudem einen Eindruck früherer Arbeitsweisen.

**Adresse** Lajos utca 136–138, III. Bezirk, 1036 Budapest, Tel. +36/1/2501020, info@obudaimuzeum.hu, textilmuzeum.hu | **ÖPNV** Metro 2 zum Batthyány tér, dann Straßenbahn H5 bis zur Timár utca, in die erste Straße rechts, dann gleich wieder links und dem Straßenverlauf folgen, das Museum liegt auf der linken Seite | **Öffnungszeiten** Di–So 10–18 Uhr | **Tipp** Wer sich einen weitergehenden Eindruck von der Bedeutung der Familie Goldberger verschaffen möchte, sollte sich das ehemalige Fabrikgebäude in der Arány János utca 32 ansehen. Unter dem Dach findet sich noch immer der Namenszug. Bis 1950 war dort die Verkaufszentrale des Unternehmens.

# 96 Der Tisza-Laden

*Eine alte ungarische Marke, zu neuem Leben erweckt*

Wer der jungen ungarischen Generation ab und an auf die Schuhe schaut, dem werden sie vielleicht irgendwann auffallen: die Turnschuhe mit dem aus drei Balken zusammengesetzten »T«, das es in vielen verschiedenen Farben gibt. Das »T« steht für Tisza (ausgesprochen wie Tissa), und Tisza, das war zu sozialistischen Zeiten *die* Sportschuhmarke Ungarns. Tisza ist außerdem der ungarische Name für den Fluss Theiß.

Tisza-Schuhe wurden für alle möglichen Arten von Sport hergestellt, von Fußball oder Basketball bis hin zum Fechten. Die Qualität der Schuhe war sehr gut – sie ist es heute wieder –, so gut, dass sogar Adidas Anfang der 1970er Jahre auf die Idee kam, einen Teil seiner Produktion nach Ungarn zu verlegen und in derselben Fabrik fertigen zu lassen. Zehn Millionen Schuhe wurden im Jahr hergestellt. Nicht schlecht bei einer Bevölkerungszahl, die ähnlich groß ist. Ein Teil der Schuhe wurde in die sozialistischen Nachbarländer exportiert.

Dann kam die Öffnung des Landes, und die Leute wollten endlich die Sportmarken des Westens kaufen, die ihnen so lange vorenthalten wurden. Die Marke Tisza verkam zum Ladenhüter. Bis einige Jahre später der geschäftstüchtige László Vidák einen Jungen mit den Turnschuhen seiner Kindheit auf der Straße sah und die Idee hatte, die Marke wieder aufleben zu lassen. Auch der Retrotrend gab dem Unternehmen Aufwind. Eine weitere Besonderheit dieser Schuhe ist, dass man sie wirklich nur in Ungarn im Geschäft kaufen kann. Und das mittlerweile in jeder größeren Stadt des Landes. Man kann sie allerdings online ins Ausland liefern lassen.

In Budapest gibt es heute zwei Standorte. Nur in der Károly körút allerdings werden ausschließlich Tisza-Produkte angeboten. Neben allerlei Arten von Sportschuhen gibt es außerdem T-Shirts, Mützen und Taschen. László Vídaks Instinkt hat ihn nicht getrogen – eine echt ungarische Marke ist zurück.

**Adresse** Károly körút 1, VII. Bezirk, 1075 Budapest; Westend Citycenter am Westbahnhof, Váci út 1–3, 1062 Budapest, tiszacipo.hu | **ÖPNV** Straßenbahn 4 und 6 bis Westbahnhof oder Metro 2 bis Astoria | **Öffnungszeiten** Károly körút: Mo–Fr 10–19 Uhr, Sa 10–16 Uhr; Westend: Mo–Sa 10–21 Uhr, So 10–18 Uhr | **Tipp** Auf dem Kossuth-Lajos-Platz befindet sich ein monumentales Denkmal für Graf Istvan Tisza, einen Politiker, der am 31. Oktober 1918, dem Tag der Unabhängigkeitserklärung Ungarns, von linken Revolutionären ermordet wurde.

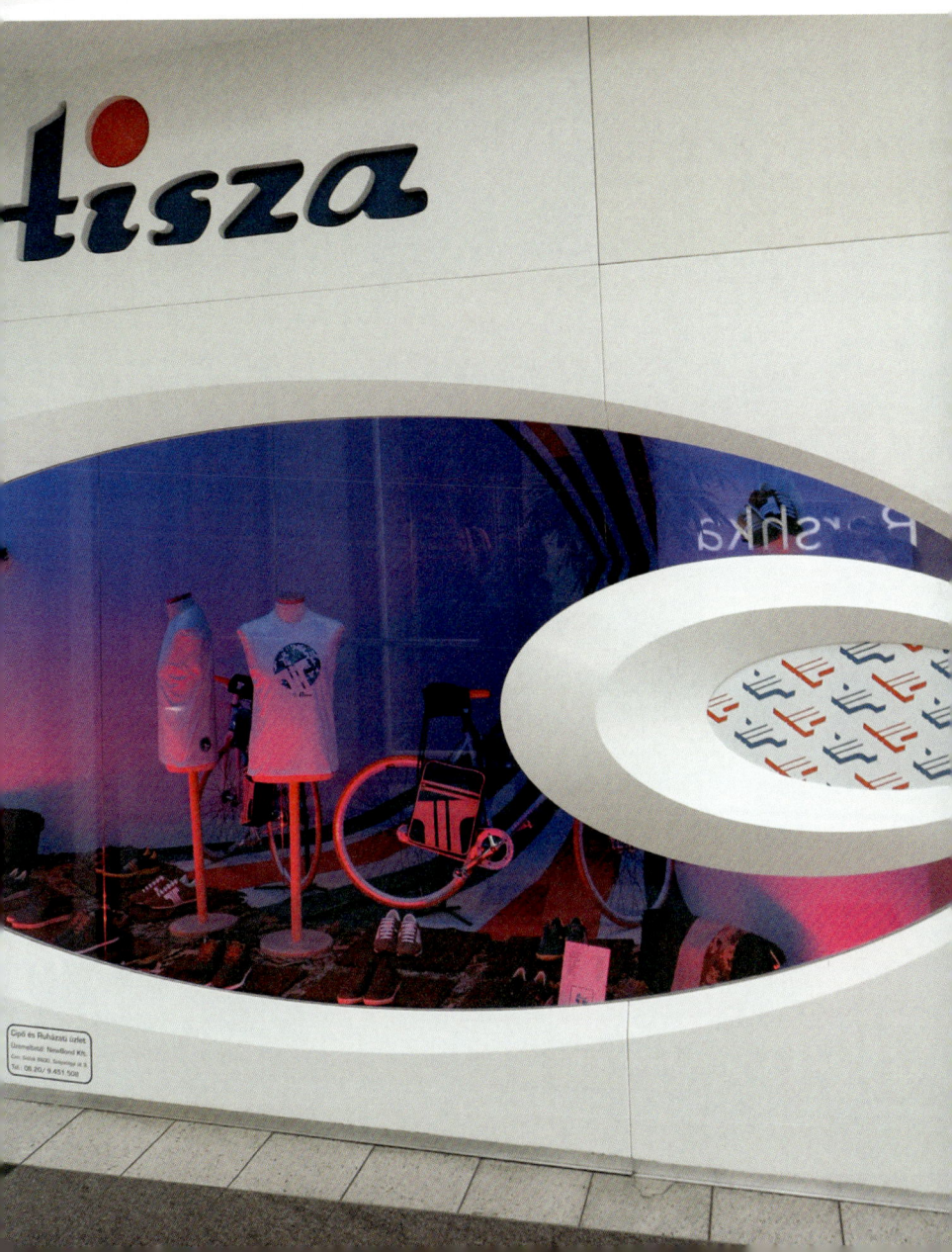

# 97 Das Uránia-Kino
*Tausendundeine Nacht*

Kaum zu glauben und doch wahr: In Budapest existiert ein altes Kino, das an Geschichten aus Tausendundeiner Nacht erinnert. Trotz seiner Lage an der Rákóczi út, einer der Hauptverkehrsadern von Pest, verbreitet das Uránia einen Hauch von orientalischem Charme und Flair.

Ende des 19. Jahrhunderts ließ ein ungarischer Unternehmer das Gebäude erbauen. Bälle und Konzerte sollten dort veranstaltet werden. Der mit der Planung beauftragte Henrik Schmal ist durch ein weiteres architektonisches Prachtstück der Budapester Innenstadt bekannt, den »Párizsi Udvar« (Pariser Hof). Der Architekt kombinierte geschickt Elemente venezianischer Gotik mit maurischen Mustern und Formen. Und so kann man im Uránia Rundbögen, großzügige Treppenaufgänge, vergoldetes Dekor auf roten und blauen Wänden, arabische Leuchten und vieles mehr bestaunen. Eröffnet wurde das Uránia schließlich als Kabarett, ging aber in Windeseile pleite. Die Akademie der Technik, auf der Suche nach einem repräsentativen Vorführraum, rettete das Gebäude vor dem Ruin. So entstand das »Ungarische wissenschaftliche Theater Uránia«. 1901 wurde der erste unabhängige ungarische Spielfilm hier gedreht. Einige Jahre später erfolgte die endgültige Umgestaltung zum Kino nach dem Vorbild des Berliner »Universum«.

Trotz der Privatisierungswelle ab 1990 blieb das Uránia in staatlicher Hand. Nach umfassender und behutsamer Renovierung und Aktualisierung der Technik finden heute wieder Filmvorführungen statt. 700 Besucher finden Platz. In erster Linie werden europäische Filme im Original (mit ungarischen Untertiteln) gezeigt, daneben stehen filmische Kunstführungen, Konzerte oder auch Ballett auf dem Programm. Da sollte für jeden etwas dabei sein. Aber schon ein Blick ins Kino oder ein Besuch des Cafés im ersten Stock genügt, um in eine andere Welt einzutauchen und das orientalische Interieur auf sich wirken zu lassen.

**Adresse** Uránia Nemzeti Filmszínház, Rákóczi út 21, VII. Bezirk, 1088 Budapest, Tel. +36/1/4863401, urania-nf.hu | **ÖPNV** Metro 2 bis Blaha Lujza tér oder Astoria oder Buslinien 5, 7, 8, 110, 112, 178 bis Vas utca | **Tipp** Ein weiteres schönes altes Kino ist das Puskin, Kossuth Lajos utca 18, im V. Bezirk (Tel. +36/1/4595050).

# 98 Das Vasarely-Museum
*Op-Art in Óbuda*

Op-Art ist nicht gleich Pop-Art, vielmehr hat der Kunststil vor allem mit Illusionen zu tun. Es war der 1906 in Pécs geborene Ungar Victor Vasarely, der diese von leuchtenden Farben und geometrischen Formen bestimmte Malerei begründete und damit eine einzigartige Wirkung erzeugte.

In den 1950er Jahren verfasste der Künstler sein eigenes Programm zu der neuen Stilrichtung. Darin forderte er auf, Kunstwerke als Prototypen zu gestalten, sodass sie wiederholt und vervielfältigt werden könnten. Dadurch war Kunst nicht mehr einzigartig, sondern reproduzierbar. Nicht umsonst hatte Vasarely vorher lange Zeit als Werbegrafiker gearbeitet und mit grafischen Mustern experimentiert. Während seiner Studienzeit an der Budapester Akademie für Malerei hatten ihn besonders die Arbeiten von László Moholy-Nagy und der Bauhaus-Schule inspiriert. Seine eigenen Bilder und Skulpturen zeichneten sich fortan durch ein systematisches Zusammenspiel von Farben und Formen aus, die sich auf unterschiedliche Weise zu Mustern zusammensetzten. Mit dieser optisch-kinetischen Kunst gewann er viele Preise und gehört zu den berühmtesten Op-Art-Künstlern der Welt. Er brach einer völlig neuen Stilrichtung Bahn und schuf Unmengen grafischer Werke in Schwarz-Weiß, Hell-Dunkel, Rot-, Blau- und Gelbtönen und vielen spannenden Farb- und Formenkompositionen.

Das Vasarely Múzeum im Stadtteil Óbuda ist einzig diesem Künstler gewidmet und vermittelt einen umfassenden Einblick in sein Schaffen. Hier hängt sein wichtigstes und erstes Op-Art-Werk: das Zebra. Noch zu Lebzeiten hatte Vasarely dem Museum der bildenden Künste rund 400 Bilder geschenkt. Sie sind seit 1987 im Südflügel des Schlosses Zichy, dem ehemaligen barocken Anwesen der berühmten Adelsfamilie gleichen Namens, zu sehen. Der Künstler verstarb 1997 im Alter von 90 Jahren in Paris. Das Museum ist eine gelungene Erinnerung an ihn.

**Adresse** Vasarely Múzeum, Szentlélek tér 6, III. Bezirk, 1033 Budapest, Tel. +36/1/388 7551, vasarely.hu | **ÖPNV** Bus 34, 106, 134, 226 oder Straßenbahn 1 oder mit der HÈV bis Szentlélek tér | **Öffnungszeiten** Mi–So 10–18 Uhr | **Tipp** Die Sammlung Ludwig aus Köln hat einen Ableger in Budapest. Zur ständigen Ausstellung zählen amerikanische und westeuropäische Werke (Pop-Art, Fotorealismus, New Wildlife), die vom Gründer Ludwig gestiftet wurden.

# 99 Das Vigadó
### *Das einst größte Ballhaus der Stadt*

Nach langer Restaurierung eröffnete die ehemalige Redoute (Ballsaal) der Stadt 2014 endlich wieder ihre Tore. Das heutige Gebäude, das in den Jahren 1860 bis 1864 nach den Plänen von Frigyes Feszl entstand, gilt als bemerkenswerte Schöpfung der ungarischen Romantik. Vermutlich kam der Gedanke an eine typisch ungarische Architektur erstmals in Zusammenhang mit der Entstehung dieses Prachtbaus auf. Ein Kritiker nannte ihn »kristallisierten Csárdás« (Tanz). Vermutlich schienen ihm die romantischen Verzierungselemente von Fassade und Innenräumen doch ein wenig zu ausufernd.

Architektonisch neu war, dass nicht der Mittelteil, sondern die Ecken des Gebäudes betont wurden. Die Tänzerskulpturen an der Außenfassade erinnern an die einstige Bestimmung des Vigadó als Ballhaus. Der österreichisch-ungarische Komponist Franz Liszt spielte hier häufig. Später gastierten prominente Musiker und Komponisten wie Karajan oder Rubinstein im Vigadó. Der Platz vor dem Ball- und Konzerthaus gehörte zu den belebtesten in Pest. Die Pontonbrücke, die bis zum Bau der Kettenbrücke die Verbindung zu Buda herstellte, verlief auf dieser Höhe der Donau. In den letzten Monaten des Zweiten Weltkriegs erlitt das Vigadó schwere Beschädigungen.

Im März 2015 wurden das 150-jährige Bestehen und die Wiedereröffnung mit vielen Veranstaltungen gefeiert. Heute werden Konzerte gegeben, Ausstellungen gezeigt, es gibt Filmvorführungen und Firmenevents. Empfehlenswert sind aber auch die Führungen durch das Gebäude. In diesem Rahmen erhält man interessante Informationen zu seiner Geschichte oder zu den Ausstellungen. Einige kostenlose Veranstaltungen finden sich ebenfalls im Programm. Wer kein Interesse an einem Konzertbesuch oder einer Ausstellung hat, sollte zumindest das Gebäude näher betrachten und einen Blick in die Eingangshalle mit ihren mächtigen Leuchtern und Säulen werfen.

**Adresse** Pesti Vigadó, Vigadó tér 2, V. Bezirk, 1051 Budapest, Tel. +36/1/3283300, vigado.hu | **ÖPNV** Straßenbahn 2 bis Vigadó tér | **Öffnungszeiten** täglich 10–19 Uhr | **Tipp** In Richtung Donau, dort, wo die gelbe Straßenbahnlinie 2 entlangfährt, befindet sich ungefähr auf Höhe des Vigadó die »kleine Prinzessin« – eine Skulptur, die Kultstatus erreicht hat und in allen Reiseführern prangt. Sie ist ein wenig Geschmackssache.

# 100 Die Villa Bagatelle
*Frühstücken rund um die Uhr*

Die hübsche Villa in den Budaer Hügeln eröffnete ihre Türen im Oktober 2010 und hat sich seitdem zu einer festen Institution entwickelt. Insbesondere am Wochenende kommen viele, um ein ausgiebiges Frühstück zu genießen und während sommerlicher Temperaturen im schönen Garten zu schwelgen. Das Gebäude, das 1932 errichtet und früher zeitweise als Apotheke genutzt wurde, ist mit viel Liebe und Sorgfalt eingerichtet. Da Ágnes and Albrecht Wirtz beide kunstbegeistert sind, lag es auf der Hand, die Wände mit Gemälden zeitgenössischer ungarischer Maler zu bestücken. Bunte Vasen schmücken zudem die Regale und Fensterbänke. Heute befinden sich hier Café, Restaurant und Bäckerei in einem, Letztere darf man wohl als das Herzstück des Hauses bezeichnen. Auf das Brot aus hauseigenem Sauerteig ist man mit Recht stolz. Der Teig wird seinem natürlichen Reifungsprozess überlassen und anschließend von Hand geknetet und geformt. Von Beginn an ist Bäckermeister László Csák dabei, der seinen Beruf in Frankreich, Deutschland und Österreich perfektionierte.

Seit einigen Jahren beherbergt das dazugehörige »Gardenhouse« auch Übernachtungsgäste. Ágnes und Albrecht Wirtz war es wichtig, einen Ort zu schaffen, an dem sie auf Reisen selbst gern bleiben wollten. Entstanden ist ein wunderbares Boutique-Hotel mit sechs Zimmern. Die beiden Gastgeber widmen sich darüber hinaus dem Wohl von Kindern. Mit einer Stiftung setzen sie sich seit Jahren für diejenigen ein, die nicht bei ihren Eltern leben können, und unterstützen sie, ihren Weg zu finden.

Die Villa verfügt über eine große Terrasse, und in der zweiten Etage stehen Räumlichkeiten für Familienfeiern wie Hochzeiten, Geburtstage oder Firmenmeetings zur Verfügung. Im Haus herrscht eine helle, familiäre und angenehme Atmosphäre, und die Einkehr ist eine schöne Belohnung nach einem Spaziergang durchs hügelige Buda.

# PÉKSÉG

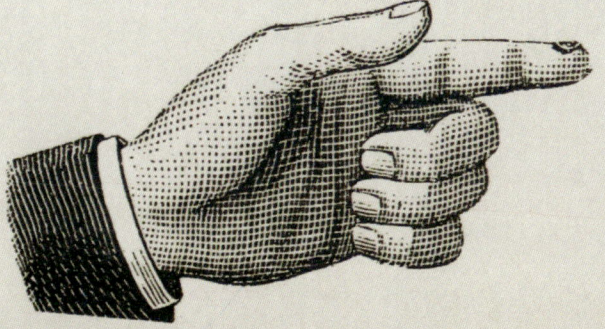

# BAKERY

**Adresse** Villa Bagatelle, Némétvölgyi út 17, XII. Bezirk, 1126 Budapest, Tel. +36/1/2134190, villa-bagatelle.com | **ÖPNV** Straßenbahn 59 oder Bus 21 bis Királyhágó tér, dann Richtung Némétvölgyi út | **Öffnungszeiten** Mo–Fr 7–19 Uhr, Sa, So 8–18 Uhr | **Tipp** In der Nähe befindet sich der Friedhof Farkasréti temető, auf dem unter anderem Béla Bartók und Zoltán Kodály ihre Ruhestätten haben.

# 101 Die Villenkolonie
*Bauhaus pur*

Das Stadtbild von Budapest ist geprägt von monumentalen Gebäuden des 18. und 19. Jahrhunderts. Anfang des 20. Jahrhunderts entstand daneben eine ganze Reihe moderner Bauten im Stil der Bauhaus-Architektur. Klare Formen, strenge Linien, schlichte Fassaden – entsprechend der Maxime »Form follows function« wurden neue Häuser und Wohnblocks konzipiert. Rund 25 Ungarn wie Marcel Breuer oder László Moholy-Nagy gehörten dieser Schule an. Aber auch Lajos Kozma, József Fischer, Alfréd Hajós und einige andere hinterließen in Budapest ihre Spuren. Sie zählten zur Avantgarde der damaligen Architektur und setzten sich ein Denkmal in einer Straße, die die berühmte Weißenhofsiedlung in Stuttgart zum Vorbild hatte. 1931 reichten sie ihre Pläne dafür ein, und bereits ein Jahr später wurde mit dem Bau begonnen. In der Budaer Napraforgó utca entstand eine Mustersiedlung des Bauhauses. Zu dieser gehören 22 Villen, deren Form und Charakter bis heute erhalten sind.

Den Architekten war nicht nur das unkomplizierte Design wichtig, auch das Wohlbefinden der Menschen wurde in ihre Planung einbezogen. Helle, freundliche Wohnungen und Häuser sollten es werden. Und das war Anfang des 20. Jahrhunderts auch in Budapest dringend nötig, denn die Bevölkerung wuchs rasant.

In der Napraforgó utca sind wie in einem Museumsdorf verschiedene Beispiele des Stils zu besichtigen. Allerdings nur von außen, denn die Gebäude sind bewohnt. Sie sind zumeist in sehr gutem Zustand erhalten. Ab und an taucht eine Verzierung an der Fassade auf, doch mit den vorherigen Stilen hat das nichts mehr zu tun. Stattdessen Fenster, die um die Häuserecke herumgehen, Flachdächer, bunte Anstriche als Farbakzente, aber auch strenge Klinkerfassaden. In der Mitte der Straße befindet sich ein kleiner Platz mit einem Gedenkstein, auf dem die Namen der seinerzeit beteiligten Architekten verewigt wurden.

**Adresse** Napraforgó utca, II. Bezirk, 1021 Budapest | **ÖPNV** Straßenbahn 61 bis Zuhatag sor (Napraforgó utca liegt direkt daneben) oder mit Bus 5 bis Hüvösvölgy út und dann circa 500 Meter zu Fuß | **Tipp** Am Stadtrand von Budapest, im XII. Bezirk, liegt in der Nähe des Apor Vilmos tér die preisgekrönte Bauhaus-Villa des Architekten Farkas Molnár. Das Haus ist von der Leitö utca aus durch eine schmale Passage zu sehen.

# 102 — Die Vintage-Galéria
## *Eine kleine, feine Fotogalerie*

Über dem schönen großen Schaufenster ist noch die alte Schrift des Geschäfts zu lesen, das sich früher an ebendieser Stelle befand: »Moser und Molnar« steht dort geschrieben, hier wurde damals Parfüm hergestellt. Seit 1996 ist hier auf gerade einmal 25 Quadratmetern die Vintage-Galéria zu Hause. Gegründet wurde sie von dem jungen Ungarn Attila Pőcze. Er hat es sich zur Aufgabe gemacht, das hohe Niveau der ungarischen Fotografie im In- und Ausland bekannt zu machen.

Große Namen wie Robert Capa, der als Endre Ernő Friedmann in Budapest geboren wurde, oder Brassaï, der ursprünglich Gyula Halász hieß und aus Brassó (heute Brașov, Rumänien) stammte, sind wohl den meisten Besuchern geläufig. Nicht zu vergessen Martin Munkácsi oder André Kertész, deren Fotos viele andere Künstler beeinflussten. Aber auch die 1970er und 1980er Jahre sowie die zeitgenössische Fotografie finden hier ihren Raum. Und so kann man in der Galerie auf Gegenwart und Vergangenheit der ungarischen Fotokunst stoßen. An die sieben Ausstellungen werden hier jedes Jahr organisiert und dazu schöne Kataloge herausgegeben. Attila Pőcze hat früher am Mai Manó Ház in Budapest und im Fotomuseum von Kecskemét gearbeitet. Seine Vintage-Galéria ist seit 1999 als eine der wenigen Galerien des ehemaligen Ostblocks auf der »Paris Photo« vertreten. So mag es auch niemanden verwundern, dass ein großer Teil der von ihm ausgestellten Fotografien von Liebhabern aus dem Ausland gekauft wird.

In der Galerie selbst stehen lediglich ein schlichter alter Schreibtisch nebst Stuhl und ein Regal, in dem Exemplare der schönen Kataloge ausgestellt sind, die über die Jahre hinweg entstanden. Hier konzentriert man sich auf das Wesentliche. Zudem ist die Vintage-Galéria an einem besonders hübschen Platz im Herzen von Pest zu finden. Am Károlyi kert herrscht immer eine angenehme und friedliche Atmosphäre.

**Adresse** Magyar utca 26, V. Bezirk, 1053 Budapest, Tel. +36/1/3370584, galeria@vintage.hu | **ÖPNV** Metro 2 bis Astoria, von dort zu Fuß circa fünf Minuten | **Öffnungszeiten** Di – Fr 14 – 18 Uhr | **Tipp** Direkt am Károlyi kert, an der Ecke zur Magyar und Ferenczy István utca gelegen, öffnet während der warmen Jahreszeit eine hübsche Café-Terrasse.

# 103 Der Wal an der Donau
*Behäbig und entspannt*

Gleich hinter der großen Markthalle erhebt er sich. Steht man direkt vorm Gebäude, erkennt man gar nicht so leicht, worum es sich bei diesem eleganten Monstrum handeln soll. Von der Mitte der Freiheitsbrücke oder von der Budaer Seite erhält man einen weit besseren Eindruck vom »Wal«. Dann schmiegen sich die Formen der Konstruktion aus viel Glas und Metall fließend zwischen die beiden denkmalgeschützten Lagerhäuser. Diese wurden vom niederländischen Architekten Kas Oosterhuis geschickt in seine Planung einbezogen.

Eigentlich handelt es sich bei dem circa 300 Meter langen Bauwerk um ein modernes Einkaufszentrum. Zu einem Handels-, Kultur- und Unterhaltungszentrum sollte es werden. Im Oktober 2013 wurde das Gebäude unter seinem offiziellen Namen »CET«, der Abkürzung für »Central European Time«, eingeweiht. Schnell tauften die Budapester es auf »Bálna« – das ungarische Wort für Wal.

Das Ladenkonzept scheint nicht aufgegangen zu sein, der behäbige Wal kommt nicht in Schwung, ein Einkaufszentrum ist es definitiv nicht. Die wenigen Geschäfte und eine Galerie, die das Gebäude in den letzten Jahren beherbergte, zogen nach und nach wieder aus. 2024 erstreckte sich über Keller, Erdgeschoss und erste Etage eine Militärausstellung. Zuvor fand aber auch schon eine Kunstmesse statt.

Warum das ursprüngliche Konzept nicht aufgeht, ist schwer zu verstehen, denn eigentlich wäre es die perfekte Location für eine Kombination aus Shoppen und Chillen. Immer noch lohnt sich der Besuch eines der Lokale, die zur Donauseite hin mit ihren Außenterrassen liegen und sich offensichtlich erfolgreich etabliert haben. Da wäre beispielsweise das Esetlag Bisztró, Balná Terasz oder Boho Budapest. Hauptsache draußen sitzen und die vorbeiziehenden Schiffe bei schönem Wetter beobachten. Der Wal ist zudem ein wunderbarer Ort, um den Sonnenuntergang an der schönen Donau zu genießen.

Adresse Bálna Budapest, Fővám tér 11–12, IX. Bezirk, 1093 Budapest, info@balnabudapest.hu | ÖPNV Straßenbahn 47 und 49 bis Fővám tér oder Straßenbahn 2 bis Zsil utca | Öffnungszeiten Mo–Fr 10–20 Uhr, Sa, So 10–22 Uhr | Tipp Wenn möglich in die erste Etage fahren und den Ausblick auf Stadt und Brücken genießen. Oder die Dimensionen des Wals auf einer Donauschifffahrt bewundern.

# 104 Das Walko-Haus
## Eine Fassade mit Pflanzen und Tieren

Das Erscheinungsbild des einstmals vornehmen V. Bezirks, Lipótváros (Leopoldstadt) genannt, und damit auch das der Aulich utca, wurde um 1900 geprägt. In der Nachbarschaft entstand die Postsparkasse von Ödön Lechner, und 1903 wurde in der Honvéd utca 3 das Bedő-Haus gebaut, ebenfalls eine Perle des ungarischen Jugendstils. Es war eine reiche Gegend mit jüdischem Einfluss, und so entstand auch eine ganze Reihe von Häusern nach den Plänen jüdischer Architekten.

Das Walko-Haus wurde 1901 als Einfamilienhaus für den Politiker Lajos Walko und seine Familie gebaut. Es besaß ursprünglich acht Räume. Auffallend ist das schöne Kachelbild oberhalb des leicht vorspringenden Mittelrisalits der Fassade: eine Frauengestalt, die mit der rechten Hand nach den roten Früchten der Bäumchen, die sie umgeben, greift. Das Rot der Früchte und des Kleides soll früher einmal kräftiger und leuchtender gewesen sein. Zumindest hat endlich eine Restaurierung stattgefunden. Das Kachelbild und der Fassadenschmuck sind Werke von Géza Maróti, der auch die Reliefs am Hotel Gresham Palace an der Kettenbrücke schuf. Betrachtet man die Fassade ein wenig länger, fallen einem nach und nach viele verschiedene Tiere auf, die sich zwischen Blättern und Ranken verstecken. Es gibt Eichhörnchen, Eidechsen und Eulenköpfe. Zu beiden Seiten des Portals stehen Frösche Wache, die Mäuler leicht geöffnet, um vielleicht die Insekten, die etwas oberhalb zu sehen sind, zu verschlingen. Und unter den Balkonen prangen schlanke Wasservögel. Außerdem gibt es Schlangen, Pfauen und Bienen. Und auch die Pflanzenornamente sind wunderschön herausgearbeitet.

Das Gebäude wurde während des Zweiten Weltkriegs schwer beschädigt und war lange Jahre sehr verfallen. Heute ist das Walko-Haus von außen und innen restauriert und wieder ein richtiger Hingucker in einer ebenso beeindruckenden Umgebung.

**Adresse** Aulich utca 3, V. Bezirk, 1054 Budapest | **ÖPNV** Metro 2 bis Kossuth Lajos tér oder Metro 3 bis Arany János utca | **Tipp** In der Hajos utca 25 und 32 sind zwei weitere schöne Beispiele des ungarischen Jugendstils zu bewundern – vielleicht gelingt ein Blick ins Innere!

# 105 Die Wallenberg-Statue
*Der Menschenretter*

Ein Denkmal für Raoul Wallenberg liegt in Buda: An einer nicht ganz leicht zu findenden Stelle befindet sich die Statue, die daran erinnert, was er für viele Juden in Budapest getan hat. Bis 1944 lebten in der Stadt 200.000 jüdische Ungarn. Während im restlichen Land bereits viele von ihnen nach Auschwitz deportiert worden waren, retteten hier eine Handvoll ausländischer Diplomaten Zehntausende. Einer dieser Retter war Raoul Wallenberg. Der Schwede stammte aus einer wohlhabenden Bankiersfamilie und kam mit gerade mal 32 Jahren auf Wunsch der amerikanischen und schwedischen Regierung in die Stadt.

Wallenberg war erschüttert, als er von den Ghettos und Deportationen erfuhr, und half fortan, indem er Schutzpässe ausstellte. Jede Familie, die eine Verbindung zu Schweden nachweisen konnte – und sei es nur durch Abschreiben einer Adresse aus dem Telefonbuch –, bekam den Pass. Mit diesen Pässen wurden sie in mehr als 30 Schutzhäusern untergebracht, die Wallenberg als »Schwedische Bibliothek« oder »Schwedisches Forschungsinstitut« tarnte. Die Juden wurden bestmöglich versorgt und konnten so vor dem Tod gerettet werden. Was aus Raoul Wallenberg selbst wurde, konnte bis heute nicht eindeutig geklärt werden. Nach der Befreiung Budapests Anfang 1945 soll er von der Roten Armee verschleppt worden und in einem sowjetischen Lager gestorben sein.

Das Denkmal steht auf einem Grünstreifen auf der Szilágyi Erzsébet fasor, Höhe Nagyajtai utca. Nicht weit von Wallenberg wird dem ungarischen Nationalhelden Áron Gábor gedacht. Weitere Mahnmale für Wallenberg finden sich auf dem Gelände der Großen Synagoge und im Szent-István-Park, Gedenktafeln sind an der Stelle, wo sich früher die schwedische Botschaft befand, sowie an der Österreichischen Botschaft (Dohány utca, Benczúr utca) angebracht. Sie werden diesen großartigen Menschen hoffentlich immer in Erinnerung halten!

**Adresse** Szilágyi Erzsébet fasor, II. Bezirk, 1026 Budapest | **ÖPNV** Bus 155 oder 156 bis Rendelöintézet oder Bus 5 bis Vasas sportpálya oder Straßenbahn 61 bis Szent János Kórház | **Tipp** Für einen weiteren Mitstreiter Wallenbergs, den ehemaligen apostolischen Nuntius Angelo Rotta, ist an seiner ehemaligen Residenz am Dísz tér 4–5 im Burgviertel eine Gedenktafel angebracht.

# 106 Das Wandbild
*Graffiti können eine Stadt verschönern!*

Auf einem Spaziergang durch das ehemalige jüdische Viertel im VII. Bezirk sind sie nicht zu übersehen: die riesigen Gemälde, die meist dort entstanden, wo Baulücken große Wandflächen frei ließen. In vielen Fällen tragen sie eindeutig zur Verschönerung des Stadtbildes bei. Wo sonst eine trostlose, dem Verfall preisgegebene Mauer stehen würde, finden sich vielfarbige, riesige Bilderwände, die häufig auch eine Botschaft transportieren. Viele Wandbilder entstanden zwischen August und September 2014 während des ersten »Színes Város Festivals«, dem bunten Stadtfestival. Mehr als 2.000 Liter Farbe sollen bei dieser Aktion verbraucht worden sein. Herausgekommen ist dabei eine ganze Reihe von tollen, bunt bemalten Häuserwänden, die noch lange zu sehen sein werden. Zum Teil wurden die Mauern vorab extra mit einer speziellen Methode neu isoliert und sind so für die nächsten 20 bis 30 Jahre vor dem Verfall geschützt – sofern sie nicht verschwinden, weil ein neues Gebäude entsteht … Die Aktion wurde auch von der Budapester Stadtverwaltung unterstützt.

Ein eindrucksvolles Wandbild befindet sich in der Akácfa utca. Auf 80 Quadratmetern sind drei riesige Schwalben zu sehen, die für den Künstler Frieden und Stille symbolisieren. Dank ihrer vielen bunten Farben ist der Kontrast zu den grauen Häuserwänden ringsumher umso stärker. Das Graffiti heißt »Ruhe oder Toben« und erhielt den Publikumspreis.

Der offizielle Preis dagegen ging an das Bild »Provinz oder Großstadt« von Richárd Orosz in der Kertész utca. Am kleinen Spielplatz in der Kazinczy utca sind gleich zwei Wände zu bewundern. Ein Ballon, der durch einen schönen blauen Himmel gleitet, und ein Stadtplan des jüdischen Viertels.

In der Rumbach Sebestyén utca wird an das Fußballspiel der »Aranycsapat«, der »Goldenen Elf«, um Ferenc Puskás vor mehr als 60 Jahren erinnert. Es gibt viel zu entdecken an Budapester Hauswänden!

**Adresse** Akácfa utca 27, VII. Bezirk, 1075 Budapest, auf dem Spielplatz an der Ecke Király und Kazinczy utca 45, Kertész utca 27, Rumbach Sebestyén utca 18 oder Dob utca 36, es gibt aber noch eine ganze Reihe mehr! | **Tipp** Die schöne Kuppel in der Synagoge in der Rumbach Sebestyén utca sollte man besichtigen (März–Okt. Mo–Do und So 10–17.30 Uhr, Fr 10–14.30 Uhr; Nov.–Feb. Mo–Do 10–15.30 Uhr, Fr 10–13.30 Uhr und So 10–14.30 Uhr).

# 107 Die Weinbar
*Naturweine genießen und mitnehmen*

Die Liebe brachte Jean-Julien Ricard aus Frankreich nach Budapest. Doch auch die Stadt faszinierte ihn, genauso wie die Weine, mit denen er sich seit Jahren beschäftigt. Naturweine hat er schon in Paris verkauft, doch die ungarischen Winzer waren damals noch nicht vertreten, und er wollte sie unbedingt etablieren.

Ricard eröffnete kurz vor der Pandemie seine Weinbar direkt hinter der Oper. In einem ehemaligen Reifengeschäft, in dem sich Jahre zuvor noch die sogenannten leichten Mädchen die Klinke in die Hand gaben. Etwas anrüchig ist auch der Name Marlou: Eigentlich verbirgt sich dahinter ein Zuhälter, doch im weiteren Sinne kann man darunter auch einen schlauen Mann oder Liebhaber verstehen, einen außergewöhnlich leidenschaftlichen Typ, der nur seine eigenen Regeln gelten lässt. Ein Mann wie Ricard oder wie jener im Logo des Ladens: ein Herr mit Hut, der genussvoll seine Nase an ein Weinglas hält.

Marlous Weinbar ist stilvoll, modern und minimalistisch gestaltet: Unverputzte Wände, ein hohes Weinregal, kleine Tische, eine Galerie mit Sitzmöglichkeiten und eine Bar lassen die Gäste in die Welt der Naturweine, von denen inzwischen fast die Hälfte aus Ungarn kommt, eintauchen. Unter der kommunistischen Regierung mussten Winzer eher Masse statt Klasse produzieren, aber jetzt gibt es immer bessere Weine, und auch das Angebot von Naturweinen hat sich in den ungarischen Weinbauregionen ausgeweitet. Sie sind zwar schwerer herzustellen, weil sie auf Zusatzstoffe verzichten, doch ihre Qualität setzt sich allmählich durch. Ricards Kunden schätzen die biodynamischen Weine, bei denen im ersten Moment die ungewöhnliche Farbe und Weintrübung erstaunen. Dazu gibt es Leckereien: ausgewählte Bio-Tapas und am Wochenende wechselnde Menüs. Auch hier entscheiden die Güte, der Anbau, die Nachhaltigkeit der Produkte. Erlesene Köstlichkeiten und Weine, könnte man kurz zusammenfassen.

**Adresse** Marlou Winebar, Lázár utca 16, VI. Bezirk, 1065 Budapest | **ÖPNV** Metro 1 bis Opera, links vorbei an der Oper und geradeaus bis zur Lázár utca | **Öffnungszeiten** Mi–Sa 11–19 Uhr, So 10–18 Uhr | **Tipp** Wer ungarisches Essen in einem typischen und beliebten Lokal probieren möchte, sollte zu Fricci Papa gehen. Ob Einheimische oder Touristen, dort können alle günstig und landestypisch an Tischen mit rotkarierten Decken speisen.

# 108 Die weiße Halle
*Strahlender geht es kaum*

Was ist das Eindrucksvollste am Kunstgewerbemuseum? Das Dach, der Eingang, das Foyer? Die Frage ist nicht leicht zu beantworten. Zweifelsohne ist den ungarischen Architekten Ödön Lechner und Gyula Pártos etwas ganz Großartiges gelungen. Eröffnet wurde das Gebäude 1896 im Rahmen der Feierlichkeiten zur Jahrhundertwende durch Kaiser Franz Joseph höchstpersönlich.

Schon von Weitem beeindruckt das imposante Jugendstilgebäude mit seinen schillernden Dachmosaiken. Hat man dann den wunderschönen, vielfarbig gekachelten Eingang hinter sich gelassen, steht man im kompromisslosen Weiß der Kassenhalle, deren Galerie sich über mehrere Etagen großzügig bis zur Decke emporwindet. Die Krönung des Ganzen ist jedoch der zentrale Innenhof des Museums: die weiße Halle. Sie ist wegen ihrer Ausmaße, vor allem ihrer Höhe und Helligkeit, ihren Fenstern, Bögen und Geländern sowie nicht zuletzt dank ihrer Deckenkonstruktion aus Stahlträgern einfach spektakulär. Aus der in Weiß erstrahlenden Mischung maurischer und indischer Formen, kombiniert mit venezianischen und ungarischen Stilelementen, ergibt sich eine märchenhafte Kulisse. An diesem Ort wurde die Fechtszene mit Ralph Fiennes für »Ein Hauch von Sonnenschein« gedreht. Doch auch einen Basar könnte man sich hier vorstellen, einen Harem oder andere Szenen aus Tausendundeiner Nacht.

Mit dem Bau des Kunstgewerbemuseums setzte Ödön Lechner in Budapest neue architektonische Maßstäbe, die er selbst lange aufrechterhielt. Er war der Meister des ungarischen Jugendstils. Das Museum zählt neben der berühmten Postsparkasse und dem heutigen Geologischen Museum zu seinen bedeutendsten Bauten. 2014 war hier eine Ausstellung über den Architekten zu sehen – mit Plänen, Dekorationsbeispielen und großen Fotos seiner farbenprächtigen Bauwerke. Seit 2023 wird das gesamte Gebäude saniert, damit es wieder in altem Glanz erstrahlt.

**Adresse** Kunstgewerbemuseum »Iparmüvészeti Múzeum«, Üllöi út 33–37, VIII. Bezirk, 1090 Budapest, Tel. +36/1/4565107, www.imm.hu | **ÖPNV** Metro 3 oder Straßenbahn 4 und 6 bis Corvin-negyed | **Öffnungszeiten** Di–So 10–18 Uhr | **Tipp** Nicht weit von hier befindet sich der Bakáts tér, ein schöner Platz, in dessen Mitte sich eine von Miklós Ybl erbaute Kirche befindet.

# 109 Die Wekerle-Siedlung
*Eine Gartenstadt mit dörflichem Charakter*

Die Gebäude der Wekerle-Siedlung entstanden in den Jahren zwischen 1908 und 1925. Veranlasst wurde der Bau der Wohnsiedlung für Arbeiter und kleine Beamte von Premierminister Sándor Wekerle, nach dem sie dann auch benannt wurde. Die Pläne stammten von einer jungen Architektengruppe, einige davon ehemalige Schüler von Ödön Lechner. Angelegt wurde die Anlage wie ein unabhängiges, in sich geschlossenes Dorf. Der Stil orientierte sich an der Bauweise Siebenbürgens, das damals noch zu Ungarn gehörte. Interessant ist der Grundriss der Siedlung. Vom zentralen quadratischen Platz aus, dem Károly Kós tér, verlaufen die Straßen wie ein Spinnennetz um ihn herum. Architekt Károly Kós entwarf das Zentrum der Siedlung. Eine Statue auf dem Platz erinnert an ihn. Er verbrachte den Großteil seines Lebens in Siebenbürgen, weil er meinte, seine Kenntnisse seien dort mehr vonnöten als in der ungarischen Hauptstadt.

Um Ideen zu sammeln, besuchte die junge Architektengruppe, der Károly Kós angehörte, ländliche Regionen und ließ sich dort inspirieren. 1909 wurde mit den Bauarbeiten begonnen, und im Laufe der Jahre entstanden insgesamt mehr als 900 Gebäude. In den Kernteil der Siedlung gelangt man durch Tore. So wirkt es, als beträte man ein in sich geschlossenes Dorf, und so war es damals durchaus auch beabsichtigt. Durch die Siedlung verlaufen breite Straßen und Alleen. Damit zählte sie zu einer der ersten verwirklichten Gartenstädte. Im Zentrum befinden sich große Gebäude für zahlreiche Mieter, außerhalb davon eine ganze Reihe von Einfamilienhäusern.

In der Wekerle-Siedlung gibt es Schulen, eine katholische Kirche und ein Polizeirevier. Kleine Türmchen, Spitzbögen über Türen und Fenstern. Balkone, schöne Giebel und spitze Gauben, vieles aus dunklem Holz gearbeitet. Das alles verleiht dem Viertel einen ganz eigenen Charme. Heute gilt es als gute und sichere Wohngegend.

**Adresse** Kós Károly tér, XIX. Bezirk, 1192 Budapest | **ÖPNV** Metro 3 bis zur Station Határ út, von da weiter mit Bus 194 | **Tipp** An der Ecseri út gibt es jeden Tag einen Flohmarkt (Mo–Fr 8–16 Uhr, Sa, So 8–15 Uhr). Ab Metrostation Ecseri út mit den Buslinien 84 E, 294 E und 194 bis Nagykőrösi út erreichbar.

# 110 Das Wohnhaus
*... eines berühmten Glasmalers*

Miksa Róth (1865–1944) war ein bedeutender Glasmaler und galt als Wegbereiter einer neuen Mosaikkunst. Er lebte mit seiner Frau Jozefa Walla und den Kindern Elizabeth, Amalia und Joseph in einem dreistöckigen Gebäude, von dem heute einige Räume zu besichtigen sind. Das Museum zeigt die Originalmöbel der Familie, aber auch Glasmalereien des Künstlers. Elizabeth, die jüngere Tochter, lebte bis zu ihrem Tode im Alter von 99 Jahren in diesem Haus. Sie wollte alle Dinge, die an ihren Vater und sein Werk erinnerten, in einem Museum bewahren und ließ nicht locker, bis die Stadt sich einverstanden erklärte und 1999 die Eröffnung stattfand.

Das Museum gibt einen perfekten Einblick in die Zeit der Jahrhundertwende: Ein alter Kachelofen, der alle Räume beheizte, Leuchter, die früher mit Gas betrieben wurden, Möbel, Waschbecken, Familienfotografien, persönliche Gegenstände und andere Details vermitteln ein Gefühl für die Familie und die Epoche.

1911 hatte Miksa Róth das Gebäude gekauft. Anfangs gab es im dritten Stock eine Glasmalerei- und Mosaikwerkstatt, wo der Künstler mit Kollegen arbeitete. Heute befinden sich darin Büros und sowie ein Lager- und Restaurierungsraum. In der ersten und zweiten Etage lebte die Familie einige Jahre. Im Erdgeschoss ist ein wunderschöner, komplett mit Mosaiken versehener Kamin zu sehen. Hier befanden sich Wohnräume und die Bibliothek, darüber lagen die Schlafräume und die Küche. Nach dem Krieg musste sich die Familie mit zwei Räumen im ersten Geschoss zufriedengeben. Dennoch sind viele ihrer Möbel – Schränke, Tische, Stühle, Betten und Kommoden – erhalten. Und auch die Kunst Miksa Róths ist zu sehen: bunte Glasmalereien, Mosaike, Heiligen- und Kirchenbilder sowie ein Porträt des Künstlers und seiner Gattin. Wenn man Glück hat, ist man hier fast ganz allein – und erfährt bei einer Führung ganz sicher interessante Details.

**Adresse** Róth Miksa Emlékház, Nefelejcs utca 26, VII. Bezirk, 1078 Budapest, Tel. +36/1/3416789, rothmuzeum.hu | **ÖPNV** wenige Blocks vom Bahnhof Keleti, der mit Metro 2 und 4 und vielen Bussen zu erreichen ist | **Öffnungszeiten** Di, Mi 10–14 Uhr, Do 13–19 Uhr, Fr, Sa 10–18 Uhr, So 12–18 Uhr | **Tipp** Mo und Do ist es möglich, das Ungarische Nationalarchiv am Bécsikapu tér 2–4 zu besuchen. Auch hier hat Miksa Róth prächtige Fenster gestaltet, dazu gibt es Wandmalereien von Andor Dudits und vieles mehr zu entdecken.

# 111 Das Zwack-Museum
*Eine Familiengeschichte*

Zwack »Unicum« kennt in Ungarn jeder. Der Magenbitter gehört zu den Spezialitäten des Landes. Und jedermann weiß sofort, um welche braune Flüssigkeit es sich handelt, die typischerweise aus einer bauchigen dunkelgrünen Glaslasche, etikettiert mit einem markanten weißen Kreuz auf rotem Kreis, eingeschenkt wird. Unicum sieht nach Medizin aus, und das ist mit Sicherheit auch so gewollt. Der Magenbitter, der an den deutschen Underberg erinnert, wurde erstmals von einem Arzt zusammengebraut. Hofarzt Zwack mixte im Jahr 1790 aus Wurzeln und Kräutern einen Schnaps zur besseren Verdauung. Er enthält 40 verschiedene Ingredienzen, 40 Prozent Alkohol fördern zusätzlich die Wirkung. »Das ist ein Unicum«, soll Kaiser Joseph II. voller Begeisterung beim Probieren ausgerufen haben, und somit habe der Name des Kräuterlikörs festgestanden.

Bis heute wird der Magenbitter von der Familie Zwack produziert, die das gleichnamige Unternehmen 1840 gründete. Mit dem Namen Zwack Unicum verbindet sich also auch heute noch nicht nur eine Destillerie, sondern die Geschichte einer ungarischen Familie mit all ihren Höhen und Tiefen: die Zerstörung der Firma im Zweiten Weltkrieg, Vertreibung und Flucht in die USA aufgrund jüdischer Wurzeln. Dort der Aufbau eines neuen Lebens. Nach dem Zerfall des Ostblockes endlich die Rückgabe des Unternehmens an die Eigentümer. Péter Zwack hatte viel davon miterlebt und verstarb 2012. Kurz zuvor hatte er die Firma wieder übernommen und rechtzeitig an seine beiden Kinder übergeben. Das Rezept für den Unicum ist bis heute ein streng gehütetes Familiengeheimnis.

Im Zwack-Museum wird die Geschichte des Getränks und seiner Familie anschaulich dokumentiert. Im Lager mit den vielen Fässern des Magenbitters darf auch probiert werden. Das Museum liegt ein wenig außerhalb des Zentrums und bietet somit eine interessante Abwechslung. Eben ein Unicum!

**Adresse** Soroksári út 26 (Eingang auf der Dandár utca), IX. Bezirk, 1095 Budapest, zwack.hu | **ÖPNV** Straßenbahn 2 bis Haller utca | **Öffnungszeiten** Mo–Sa 10–17 Uhr, Laden: Mo–Fr 9–18 Uhr, Sa 10–18 Uhr | **Tipp** Ähnlich bekannt wie der Unicum ist der hochprozentige Pálinka, ein Schnaps, der aus verschiedenen Obstsorten (klassischerweise Aprikosen und Zwetschgen) gebrannt wird. Jedes Jahr im Mai findet am Városháza-Park (Station Deák Ferenc tér) ein Pálinka-Festival statt.

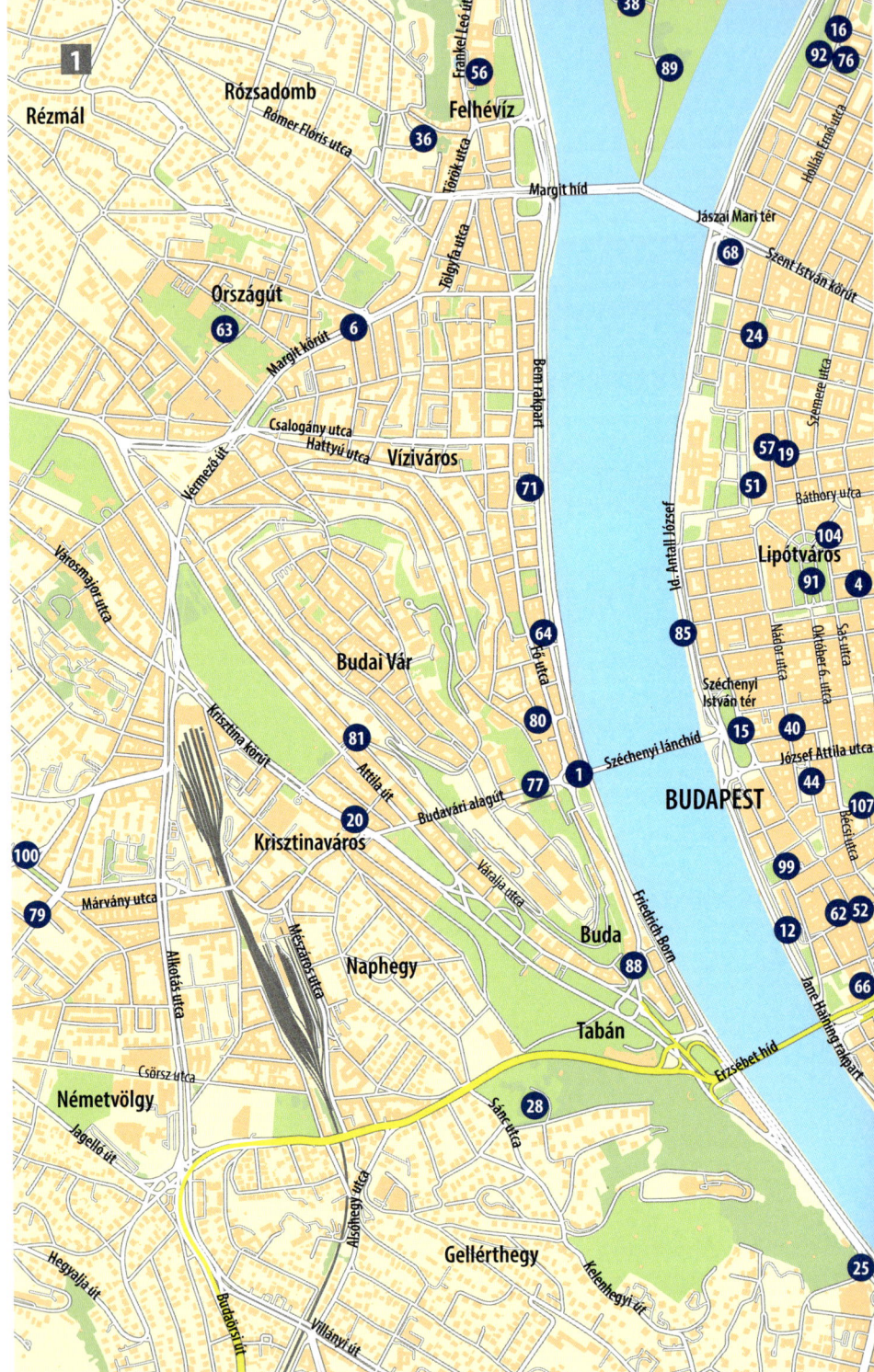

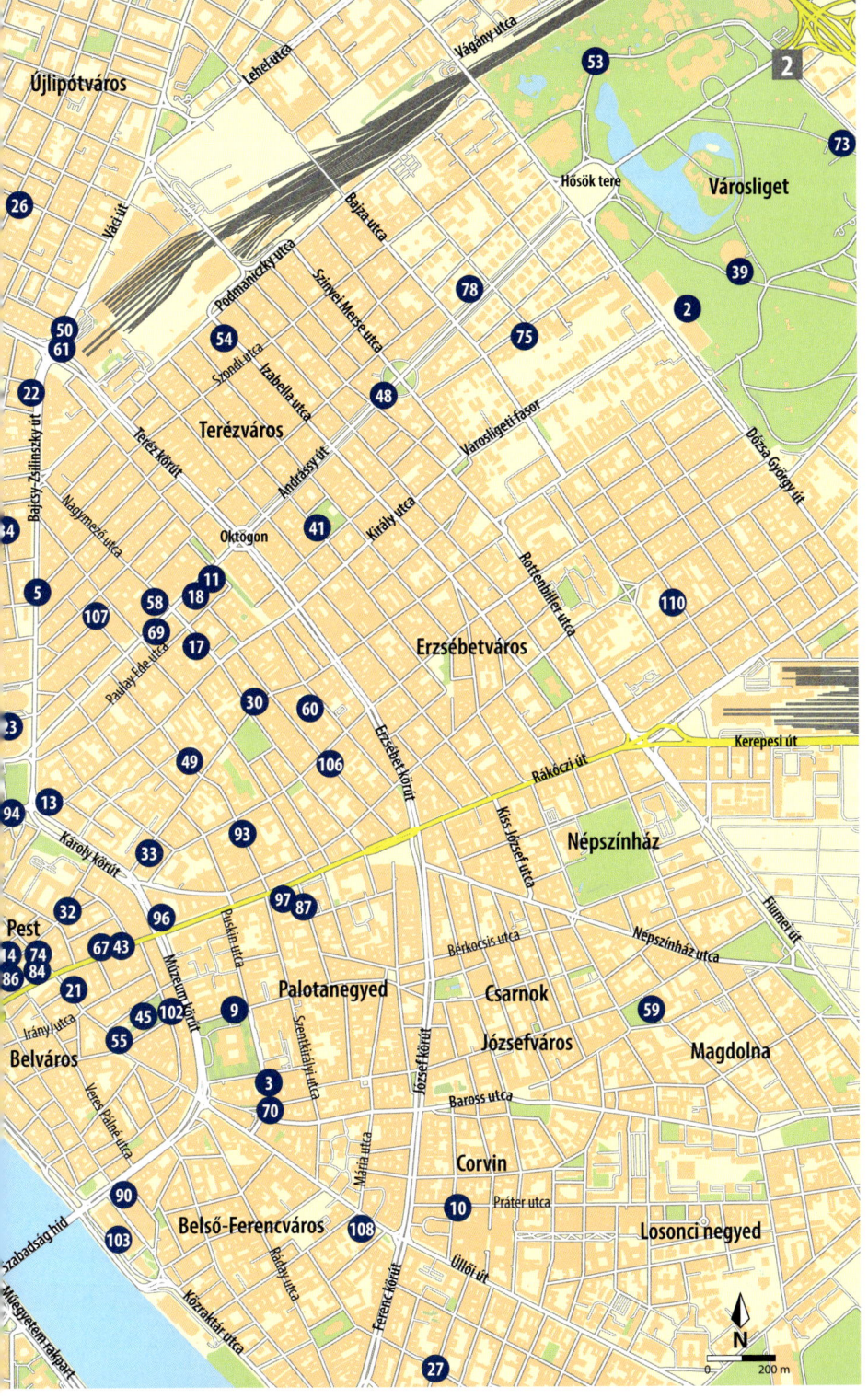

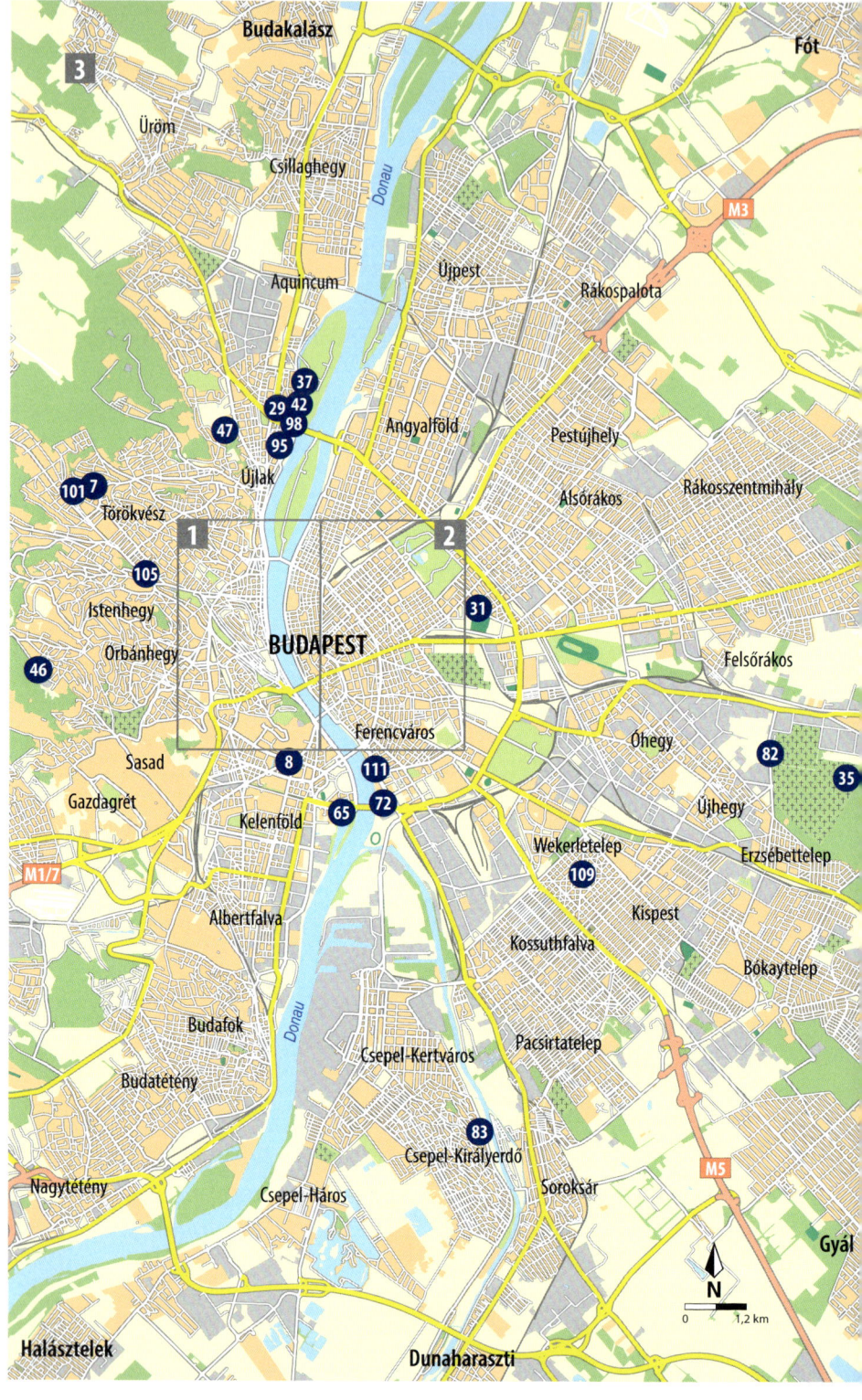

Julia Csabai
**111 Orte in Sofia, die man gesehen haben muss**
ISBN 978-3-7408-0862-4

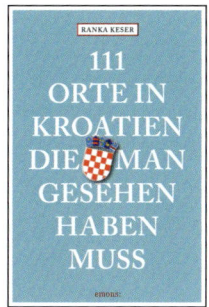

Ranka Keser
**111 Orte in Kroatien, die man gesehen haben muss**
ISBN 978-3-7408-0557-9

Jörg Dauscher
**111 Orte in Danzig, die man gesehen haben muss**
ISBN 978-3-7408-1572-1

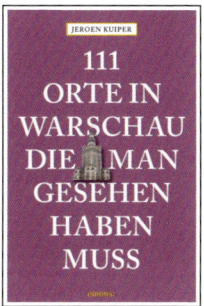

Jeroen Kuiper
**111 Orte in Warschau, die man gesehen haben muss**
ISBN 978-3-7408-0978-2

Lena Schraml
**111 Orte in Krakau, die man gesehen haben muss**
ISBN 978-3-7408-1087-0

Joscha Remus
**111 Orte in Transsilvanien, die man gesehen haben muss**
ISBN 978-3-7408-0856-3

Veronika Wengert
**111 Orte in Slowenien, die man gesehen haben muss**
ISBN 978-3-7408-1083-2

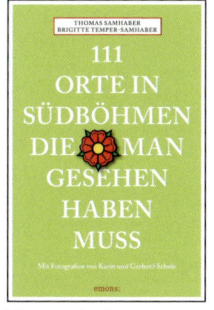

Thomas Samhaber,
Brigitte Temper-Samhaber
**111 Orte in Südböhmen, die man gesehen haben muss**
ISBN 978-3-7408-1742-8

Rudolf Jagusch,
Susanne Jagusch
**111 Orte im Erzgebirge, die man gesehen haben muss**
ISBN 978-3-7408-1406-9

Bernadette Németh
**111 Orte rund um den Neusiedler See, die man gesehen haben muss**
ISBN 978-3-7408-2157-9

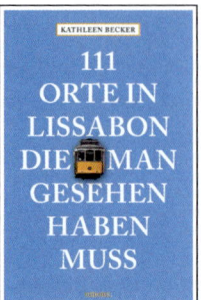

Kathleen Becker
**111 Orte in Lissabon, die man gesehen haben muss**
ISBN 978-3-7408-2323-8

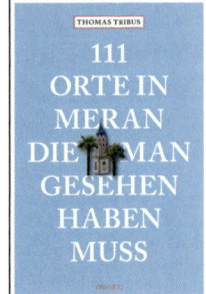

Jörg Dauscher
**111 Orte in und um Meran, die man gesehen haben muss**
ISBN 978-3-7408-2154-8

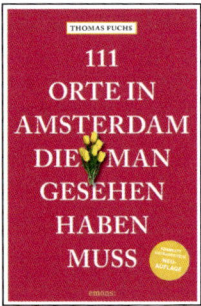

Thomas Fuchs
**111 Orte in Amsterdam, die man gesehen haben muss**
ISBN 978-3-7408-2322-1

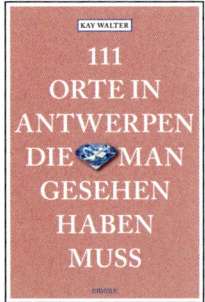

Kay Walter
**111 Orte in Antwerpen, die man gesehen haben muss**
ISBN 978-3-7408-2119-7

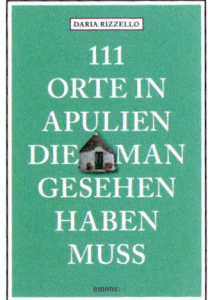

Daria Rizzello
**111 Orte in Apulien, die man gesehen haben muss**
ISBN 978-3-7408-1860-9

Andreas Drouve
**111 Orte im Baskenland, die man gesehen haben muss**
ISBN 978-3-7408-2023-7

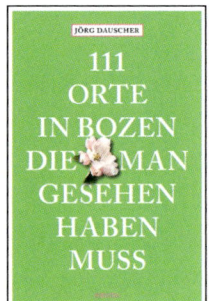

Jörg Dauscher
**111 Orte in Bozen, die man gesehen haben muss**
ISBN 978-3-7408-1897-5

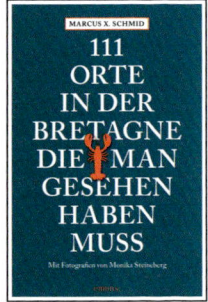

Marcus X. Schmid
**111 Orte in der Bretagne, die man gesehen haben muss**
ISBN 978-3-7408-2262-0

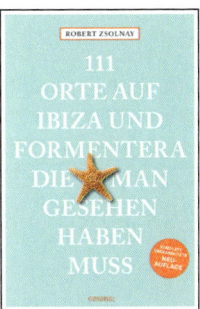

Robert Zsolnay
**111 Orte auf Ibiza und Formentera, die man gesehen haben muss**
ISBN 978-3-7408-1979-8

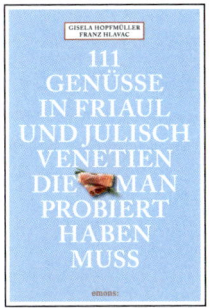

Gisela Hopfmüller, Franz Hlavac
**111 Genüsse in Friaul und Julisch Venetien, die man probiert haben muss**
ISBN 978-3-7408-2022-0

Eileen Stiller
**111 Orte auf Sizilien, die man gesehen haben muss**
ISBN 978-3-7408-1424-3

Catrin Ponciano
**111 Orte in Porto, die man gesehen haben muss**
ISBN 978-3-7408-1978-1

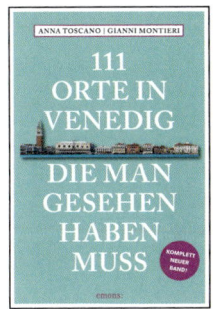

Gianni Montieri, Anna Toscano
**111 Orte in Venedig, die man gesehen haben muss**
ISBN 978-3-7408-1986-6

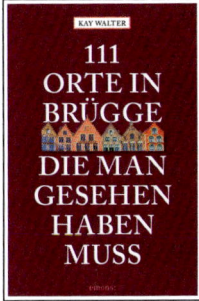

Kay Walter
**111 Orte in Brügge, die man gesehen haben muss**
ISBN 978-3-7408-1712-1

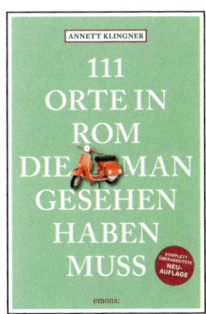

Annett Klingner
**111 Orte in Rom, die man gesehen haben muss**
ISBN 978-3-7408-1628-5

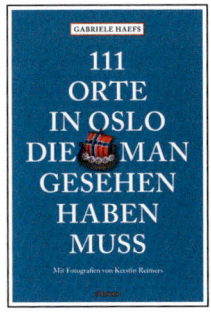

Gabriele Haefs
**111 Orte in Oslo, die man gesehen haben muss**
ISBN 978-3-7408-1088-7

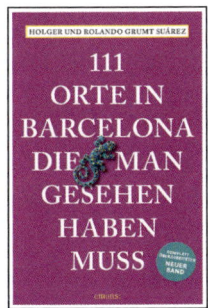

Rolando Grumt Suárez
**111 Orte in Barcelona, die man gesehen haben muss**
ISBN 978-3-7408-0994-2

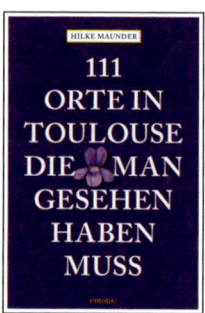

Hilke Maunder
**111 Orte in Toulouse, die man gesehen haben muss**
ISBN 978-3-7408-1091-7

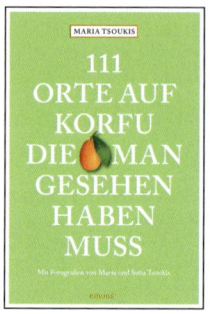

Maria Tsoukis
**111 Orte auf Korfu, die man gesehen haben muss**
ISBN 978-3-7408-1065-8

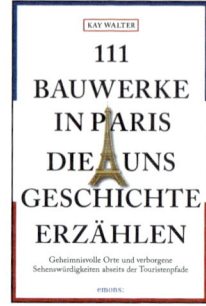

Kay Walter
**111 Bauwerke in Paris, die uns Geschichte erzählen**
ISBN 978-3-7408-0691-0

Jo Berlien
**111 Orte in Straßburg, die man gesehen haben muss**
ISBN 978-3-7408-0576-0

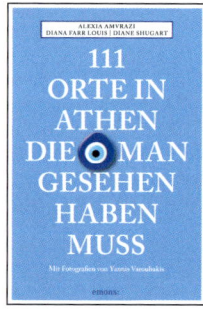

Alexia Amvrazi,
Diana Farr Louis, Diane Shugart
**111 Orte in Athen, die man gesehen haben muss**
ISBN 978-3-7408-0560-9

Jan Gralle, Vibe Skytte
**111 Orte in Kopenhagen, die man gesehen haben muss**
ISBN 978-3-7408-0243-1

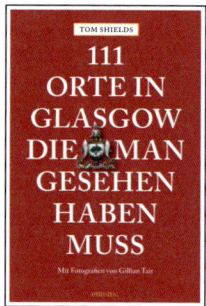

Tom Shields
**111 Orte in Glasgow, die man gesehen haben muss**
ISBN 978-3-7408-0386-5

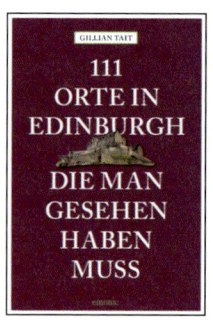

Gillian Tait
**111 Orte in Edinburgh, die man gesehen haben muss**
ISBN 978-3-7408-0476-3

Natalino Russo
**111 Orte in Neapel, die man gesehen haben muss**
ISBN 978-3-7408-0478-7

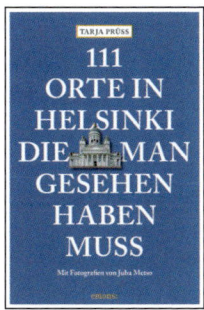

Tarja Prüss
**111 Orte in Helsinki, die man gesehen haben muss**
ISBN 978-3-7408-0342-1

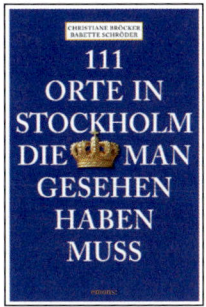

Christiane Bröcker,
Babette Schröder
**111 Orte in Stockholm, die man gesehen haben muss**
ISBN 978-3-95451-203-4

Rüdiger Liedtke
**111 Orte auf Mallorca, die man gesehen haben muss**
ISBN 978-3-7408-2239-2

Insa Hohmann,
Katharina Hohmann,
Fritz von Klinggräff
**111 Orte am Lago Maggiore, die man gesehen haben muss**
ISBN 978-3-7408-2118-0

Giulia Castelli Gattinara
**111 Orte in den Dolomiten, die man gesehen haben muss**
ISBN 978-3-7408-1972-9

Christoph Schrahe,
Jimmy Petterson, Patrick Thorne
**111 Skipisten in Europa, die man gefahren sein muss**
ISBN 978-3-7408-1518-9

Sabine Kiesewein, Carl Lang
**111 Orte auf Fuerteventura, die man gesehen haben muss**
ISBN 978-3-7408-1973-6

Ralf Nestmeyer
**111 Orte an der Côte d'Azur, die man gesehen haben muss**
ISBN 978-3-7408-2020-6

Sabine M. Gruber
**111 Sisi-Orte in Europa, die man gesehen haben muss**
ISBN 978-3-7408-1400-7

**Dorothee Fleischmann** arbeitet als Autorin. Sie hat für Literaturbeilagen, Reiseportale und Reiseführer geschrieben, an diversen Buchprojekten mitgearbeitet, sie lektoriert und macht Pressearbeit. Mit ihrem Mann und ihren zwei Kindern lebt sie in Berlin.

**Carolina Kalvelage** hat lange Jahre als Mediengestalterin gearbeitet, bis es sie gemeinsam mit ihrer Partnerin in die Welt hinauszog. Nach langjährigen Aufenthalten in Budapest, Wien, Barcelona und Madrid lebt sie heute in Berlin.